普通高校非奥运特色项目系列教材

Aerobics

健美操

主　　编　朱晓龙　李立群
副 主 编　卢　芬　钱宏颖　张晓瑛
参编人员　（以姓氏笔画为序）
　　　　　吕荷莉　余民权　余保玲　吴升扣
　　　　　周亚军　郑　敏　郭　虹　黄永妃
　　　　　谢银儿　虞晓燕

ZHEJIANG UNIVERSITY PRESS
浙江大学出版社
·杭州·

普通高校非奥运特色项目系列教材

学术顾问委员会

名誉主任　王　芬　北京体育大学副校长

　　　　　　陈　劲　浙江大学本科生院常务副院长

主　　任　吴叶海　浙江大学公共体育部主任、浙江省非奥项目浙大发展培训基地主任

副 主 任　吴　键　中央教科所体育卫生艺术教育研究中心主任

　　　　　　刘海元　中国体育科学学会学校体育分会常委、副秘书长

　　　　　　徐剑津　浙江省教育厅体卫艺处正处调研员、浙江省大学生体育协会秘书长

　　　　　　陈志强　浙江大学公共体育部副主任、浙江省非奥项目浙大发展培训基地副主任

　　　　　　姜　丽　浙江工商大学体育部、国家体育教学指导委员会委员

委　　员　胡振浩　浙江省经济职业学院体育部主任、国家体育教学指导委员会委员

　　　　　　王皋华　北京首都体育学院、国家体育教学指导委员会委员

　　　　　　金晓峰　浙江省丽水学院教育学院院长、民族传统体育浙江省基地负责人

　　　　　　张　杰　中国美术学院体育部主任、浙江省大学生体育协会健美操分会秘书长

　　　　　　赵　军　浙江树人大学体育部主任、浙江省大学生体育协会田径分会主席

　　　　　　林小美　浙江大学体育系主任、浙江省大学生体育协会武术分会副主席

　　　　　　董晓虹　浙江大学公共体育部副主任、浙江省非奥项目浙大发展培训基地成员

　　　　　　虞力宏　浙江大学公共体育部副主任、浙江省大学生体育协会网球分会秘书长

　　　　　　江晓宇　浙江大学公共体育部总支书记、浙江省非奥项目浙大发展培训基地成员

　　　　　　陈忠焕　浙江大学公共体育部总支副书记、浙江省非奥项目浙大发展培训基地副主任

　　　　　　钱宏颖　浙江大学公共体育部教研管理中心副主任、浙江省非奥项目浙大发展培训基地成员

普通高校非奥运特色项目系列教材

编 委 会

（以姓氏笔画为序）

卢　芬　　付旭波　　刘　剑　　朱　莉　　朱晓龙

江晓宇　　吴　剑　　陈　烽　　张　锐　　吴叶海

张华达　　张自强　　陈志强　　陈忠焕　　余保玲

林　洁　　林小美　　林时云　　季守祥　　金慧娟

柳志鹏　　施晋江　　顾　民　　钱　锋　　钱宏颖

黄　力　　葛丽华　　董育平　　董晓虹　　程路明

虞力宏　　潘雯雯　　潘德运

序
PREFACE

高等学校体育是整个国民体育的基础,是我国体育工作的重点。21世纪高等教育更注重促进人的全面发展,强调"健康第一",全面推进素质教育,把教育改革提高到一个新的高度。2010年《国家中长期教育改革和发展规划纲要》指出,今后十年我国教育改革发展要贯彻优先发展、育人为本、改革创新、促进公平、提高质量的方针。随着社会发展和人的需求的变化,高校的社会功能被不断拓展,体育的育人功能日益突显,目前"办特色学校 创教育品牌"已成为我国众多教育工作者的共识。时代在变,学生的兴趣爱好也在变,丰富高校体育课程资源,开创学生喜闻乐见的体育项目势在必行。

非奥项目是相对于奥运项目而言。中国地大物博,非奥体育项目丰富多彩,通常都是人们喜闻乐见的传统体育项目,具有广泛的传播性、娱乐性,或较强的民族色彩,显示出独特的魅力。这些源自生活的体育项目,更显亲和力,满足了人们对多样化体育的观赏和参与的需求,为促进体育文化交流提供了广阔舞台,促进全民健身活动的广泛开展。

浙江大学公共体育部依托浙江省人民政府、浙江省体育局授予"浙江省非奥项目发展培训基地"为契机,依据学校培育的目标,在公共体育教育中确立突出以非奥项目为特色,强调学生的参与性、普及性、趣味性和文化特色,积极发掘非奥项目其特有的健身和文化价值,推动普及和提高。将具有民间、民俗风情和富有地方特色的非奥体育项目运用到大学体育教育之中,为大学生从事终身体育打下基础。使非奥运项目与奥运项目相互促进,真正形成内容丰富多彩、形式活泼多样、学生积极参与的校园体育文化氛围。

这套非奥项目系列丛书包括健美、体育舞蹈与排舞、武术、健美操、定向越野、无线电测向、桥牌、五人制足球、三人制篮球、英式橄榄球、软式网球等十余种,结合健康教育理念,融知识性、趣味性与实用性于一体,选题新颖,是目前国内普通高校公共体育教育中不可多得的选项课教材。

北京体育大学副校长

前　言
FOREWORD

　　21 世纪精彩纷呈,变化莫测,大学生的价值观与生活方式也发生了很大的变化。高校越来越重视大学生的身体练习,积极倡导以丰富多彩的练习手段吸引更多的学生投入现代健身运动中来。为适应高等院校体育课程改革的需要,提高学生的体质健康水平,开拓学生视野,满足不同层次学生对知识与技能的需求,特编写本教材,以便于指导不同层次学生的学习与锻炼,使学生带着健康、愉悦、积极的态度,进入自觉练的状态中去。

　　健美操虽然没有被列为奥运会的比赛项目,但它作为一项全民健身项目,深受广大学生及人民群众的喜爱。全国每年都有各种类别的健美操比赛,并且我国健美操水平也逐年提高,跻身国际前列。

　　本书用通俗易懂的语言阐述了健美操项目的专业知识和技术运用,结合项目特点及国际健美操的发展趋势,把健美操课程分为初、中和高级三部分进行编写,以适合于不同层次水平的大学生需求。在初、中级健美操内容中增加了有氧拉丁、爵士、踏板等不同种类型的健美操内容;而高级健美操则偏重于竞技健美操的练习。学生可以根据自身的基础选择适合自己的套路进行练习。同时本书也融合了营养、运动处方、医务监督、运动损伤的预防及处理等内容。本教材内容丰富,形式多样,寓娱乐于健身之中,通过适当的健美操练习,培养审美意识,提高健康水平,为社会培养高素质、高文化、健康的精英人才而创造条件。

　　本教材中示范动作的拍摄由都兴鸿和盛亚婷等承担。在此一并表示感谢。同时由于时间和编者的水平有限,不妥之处,敬请同行及读者批评指正。

朱晓龙

2013 年 11 月

目 录
◆ CONTENTS

第一章　健美操运动概述

应知导航

当你第一次接触健美操运动,一定会被那激情洋溢、充满青春活力的气氛所感染。健美操之所以被人们青睐,那是因为它不仅具有体育的魅力,而且具有艺术的感染力。本章对健美操的起源与发展、分类与特点以及健美操的锻炼价值进行阐述,使学生对健美操这个运动项目有一个基本的了解,从认识它到喜欢它。树立自觉锻炼的意识。

第一节　健美操运动起源与发展趋势

健美操(Aerobics)是在音乐伴奏下,以身体练习为基本手段、以有氧运动为基础,达到增进健康、塑造形体和健身娱乐目的的一项体育运动。它体现了人体在力量、柔韧、协调、节奏感、审美及表现力等诸多方面的综合能力。

一、国际健美操运动发展简况

(一)国际健美操运动的起源

健美操的起源可追溯到两千多年前,那时的古希腊人出于朴素的唯物主义观点和乐观主义精神,把身体的健美、力量与生命联系起来,认为世界万事万物之中,唯有健美的人体才是最匀称、最和谐、最庄重、最有生气和最完美的。早在 2400 年前,古希腊雕刻家米隆塑造了一个显示男子健与美的典型——"掷铁饼者",这是古希腊人崇尚人体美的历史见证。爱神维纳斯就是当时希腊人最理想的女子健美楷模。古希腊人喜爱采用跑、跳、投掷、柔软体操和健美舞蹈等各种体育项目进行人体美的锻炼,同时提出了"体操锻炼身体,音乐陶冶精神"的主张,对人体美的崇尚举世闻名。

古印度人很早就流行一种瑜伽术,它把姿势、呼吸和意念紧密结合起来,通过调身、调息、调心,运用意识对身体自我调节,使人身体完全得到伸展,精神得到放松与恢复,从而达到延年益寿的目的。瑜伽健身术动作包括站立、跪、坐、卧、弓步等各种基本姿势,这些姿势与当前世界流行的健美操常用基本姿势是一致的。古代人对健身健美的追求以及提倡体操与音乐相结合的主张是现代健美操形成与发展的基础。

进入欧洲文艺复兴时期,被遗忘的古希腊罗马等古典文化重新被振兴,人体美受到了格外的重视。许多教育家认为古希腊体操是健美人体最完整的体育系统,并提倡开展体操运动。

现代健美操于20世纪60年代末开始萌芽,最初是美国太空总署的医学博士库珀(Cooper)为太空人所设计的体能训练项目,后来加入音乐伴奏、特殊器材等,形成了具有独特体系的运动,并很快风靡世界。1969年,杰姬·索伦森综合了体操和现代舞创编了健美操,这种操带有娱乐性,简单易学,深受人们的欢迎。

20世纪80年代初,健美操作为一项独立的运动项目兴起,其标志就是简·方达健美操的出现。作为现代健美操运动的发起人之一,简·方达根据自己的亲身体会和实践编写了《简·方达健美操》一书及录像带,自1981年首次在美国出版以来,一直畅销不衰,被译成20多种文字,在世界30多个国家发行,在全球引起轰动。简·方达对健美操运动在世界范围内的流行与发展起了巨大的推动作用,也使简·方达成为80年代风靡世界的健美操杰出代表人物。

健美操运动自兴起以来,以强大的生命力迅速在全世界流行起来。到目前为止,健美操不仅在欧美等发达国家蓬勃开展,在一些发展中国家和地区也得到不同程度的发展。各种健美操俱乐部、健美操中心和健美操培训班如雨后春笋般到处涌现,许许多多的人选择健美操作为自己主要的健身方式,形成了世界范围的"健美操热"。

美国是对健美操发展有着较大影响的国家。它创办了上千个健美操俱乐部、健身房,为人们提供了从事健美操锻炼的场所。1984年美国约有7万人参加各种类型的健美操练习,用于体操、舞蹈和健美操的活动经费每年约2.4亿美元。美国既推动了塑造体型、健康身心的健身健美操的发展,同时又是竞技健美操的创始国。1985年,美国首次举行阿洛别克(Aerobic)健美操比赛,正是这次比赛,使健美操得到了迅速推广和发展,以致成为全球性的运动。近十几年来,美国以健身、健美为主的健美操和以比赛为目的的竞技健美操,一直处于世界领先地位,为世界的健美操发展作出了很大的贡献。

健美操在欧洲的开展也很普及,在法国练习健美操的人已达400万人,每人每年约花335美元参加健美操中心活动,仅巴黎就有1000多个健美操中心,法国电视台的健美操节目成了最受欢迎的节目之一。德国人为了形体美不惜花钱,而意大利的罗马有40处健美操场所,每天跳操的人从早到晚从不间断。苏联把健美操已列入大、中、小学校的体育教学大纲中,并多次举办全国性教练员培训班,定期在电视台为广大健美操爱好者教授健美操。

健美操在亚洲的发展也已风起云涌。日本的健美操竞赛制度是将竞技性健美操与健身性健美操有机地结合起来,调动了广大群众的积极性,吸引了更多的健美操爱好者。在国际体操联合会(FIG)成立健美操委员会以前,总部设在日本的国际健美操联合会(IAF)一直是国际上最大的健美操组织。同时健美操在新加坡、韩国、中国香港地区以及东南亚国家和地区也迅速兴盛起来。

(二)国际健身协会和竞技性健美操组织

随着健美操运动在世界范围内的开展,参与健美操锻炼的人群逐年增加,越来越多的人意识到健美操运动的强大生命力,同时也看到了其中蕴藏着的巨大市场潜力。目前国际上的健美操组织和机构较多,均致力于健美操运动的发展及在全世界的普及,为扩大健美操在世界范围的影响力,提高健美操的运动技术水平作出了重要贡献。

1.国际健身健美操组织

目前世界上存在着许多健身性的国际组织,其中 IDEA、FISAF、Asiafit 是较有影响力的三个健身性组织。这些健身性国际组织涉及的面较广,包括所有与健身和健康相关的内容,健美操只是所涉及内容的一部分。

表 1-1-1　国际健身健美操组织

名称	成立时间	总部	特　点
国际健身协会(IDEA)	1982 年	美国	世界上最大的国际性健身组织。目前有来自 80 多个国家的 23000 多名会员。国际健身协会致力于为世界各地的健身专家提供最新健身信息和继续教育的机会。该组织有自己的多种出版物并每年举行各种活动,如在世界上很有影响的"IDEA 健身大会"等。
国际健美操与健身联合会(FISAF)	20 世纪80 年代中期	澳大利亚	有会员国 40 多个。除每年举办健美操专业比赛外,还组织各种健美操培训班,并颁发国际健身指导员证书。FISAF 通过健身冠军赛、大会、博览会、教育节目和其他的健身活动来宣传健康意识。现在的 FISAF 已经成为一个广泛开展健康活动的国际性网络组织。
亚洲健身协会(Asiafit)	1991 年	中国香港	亚洲地区最有影响力的健身性国际组织。该协会通过它的全球网络,支持教育、宣传健康,并致力于推动健康和健身教育在亚洲的发展。它有自己的专业出版物,并组织各种健身宣传和教育活动,如一年一度的"亚洲健身协会健身大会"等。

2. 国际竞技性健美操组织

表 1-1-2　国际竞技性健美操组织

名称	成立时间	总部	特　点
国际体操联合会（FIG）	1981 年	瑞士	世界历史上最悠久、规模最大的国际单项体育组织之一。1994 年国际体操联合会成立了国际体操联合会——竞技健美操分会。世界竞技健美操锦标赛是 FIG 组织的正式比赛。首届世界竞技健美操锦标赛于 1995 年在法国巴黎举行，每年举办一届。2000 年第六届后改为每两年举办一届，在双数年举行，每届都有 30 多个国家，百名以上的运动员参赛。
国际健美操冠军联合会（ANAC）	1980 年	美国	每年举办 ANAC 世界健美操冠军赛。1983 年在美国举行了首届健美操比赛。由于比赛的成功，自 1984 年起健美操便发展成一项竞技性的运动，从而使健美操在世界各地兴起。
国际健美操联合会（IAF）	1983 年	日本	在 1994 年以前，是世界上最大的国际健美操组织。目前有会员国近 30 个，每年举办 IAF 健美操世界杯赛。1990 年，国际健美操联合会在日本东京举办了首届健美操世界杯赛。

二、我国健美操运动发展简况

（一）我国健美操运动的起源与发展

20 世纪 80 年代，健美操热传到了我国。为推动健美操在我国的发展，1984 年北京体育大学成立了健美操研究组。1985 年由北京体育大学创编并推广的"青年韵律操"等六套健美操，在全国各大院校受到广大青年学生的喜爱。1986 年北京体育大学编写的我国第一部《健美操试用教材》出版，并正式在北京体育大学本科生中开设了健美操选修课。此后，全国许多高等院校将健美操列入教学大纲，使健美操运动在青年人汇集的高校得到广泛地开展，由此扩大了健美操运动的社会影响力，并使这一新兴运动项目的开展向社会延伸。

1987 年由康华健美康复研究所、北京体育学院、中央电视台等联合举办了全国首届"长城杯"健美操比赛，随后又分别组织过少年儿童、青年、中老年健美操比赛，主题就是健身健美操。当时的组织不够系统与规范，直到 90 年代初期，随着中国健美协会和大学生健美操协会的成立，我国的健美操比赛才逐步走向正规化。目前，我国每年都要举办各种健美操比赛，如全国健美操锦标赛、全国大学生健美操比赛和全国职工健美操比赛等。1997 年开始，全国健美操锦标赛增加了中老年组的比赛，扩大了规模和影响，吸引了更多的人参与健美操运动,使健美操运动在中国健康有序地发展。

表 1-1-3　我国历年举行的健美操比赛

序号	时间	地点	比赛名称
1	1987.5	北京	全国首届"长城杯"健美操友好邀请赛
2	1991.6	北京	全国健美操锦标赛
3	1992.6	佛山	全国健美操锦标赛
4	1992.10	北京	全国健美操冠军赛
5	1994.5	南昌	全国健美操锦标赛
6	1995.5	厦门	全国健美操锦标赛
7	1996.10	沈阳	全国健美操锦标赛
8	1998.10	成都	全国健美操锦标赛
9	1999.6	萧山	全国健美操锦标赛
10	2000.5	南京	全国健美操锦标赛
11	2000.6	宁波	全国体育大会健美操比赛
12	2001.8	南京	全国健美操锦标赛
13	2002.4	苏州	全国健美操锦标赛
14	2003.8	昆明	全国健美操锦标赛
15	2003.10	济南	全国健美操冠军赛
16	2004.3	长沙	全国健美操锦标赛
17	2004.9	济南	全国健美操冠军赛
18	2005.8	海口	全国健美操锦标赛
19	2005.10	宁波	全国健美操冠军赛
20	2006.12	深圳	全国健美操锦标赛
21	2007.10	烟台	全国健美操锦标赛
22	2007.11	无锡	全国健美操冠军赛
23	2008.10	青岛	全国健美操锦标赛
24	2008.12	上海	全国健美操冠军赛
25	2009.11	厦门	全国健美操锦标赛
26	2009.12	北京	全国健美操冠军赛
27	2010.10	无锡	全国健美操锦标赛

续表

序号	时间	地点	比赛名称
28	2011.6	深圳	全国健美操锦标赛
29	2011.11	贵阳	全国健美操冠军赛
30	2012.5	威海	全国健美操锦标赛
31	2012.11	温州	全国健美操冠军赛
32	2013.7	泰安	全国健美操锦标赛

近年来我国健美操的国际交往也逐步增加。1987年由北京体育大学组成的健美操队出访了日本,这是我国健美操运动第一次走出国门。1987年我国举办了"长城杯"健美操友好邀请赛。1995年,我国又派队参加了由FIG在法国举行的第一届世界竞技健美操锦标赛。1998年随着健美操协会归于体操中心,我国更加重视健美操与国际间的友好交往,参加了同年4月在日本举行的世界杯赛,5月在意大利举行的第四届世界锦标赛,7月在美国举行的ANAC世界健美操冠军赛。虽然参加国际大赛的成绩不理想,但毕竟是我国竞技健美操走向世界的一个良好开端。

2006年6月1日至3日在江苏省南京市举行的第九届世界健美操锦标赛上,中国选手敖金平获得男子单人操冠军,实现了中国在世锦赛上金牌零的突破。中国选手在本次世锦赛的5个单项中获得两金两银一铜,全面创造了中国队在世锦赛上的最好成绩。

2007年5月12日在法国举办的第三届世界杯总决赛。中国健美操队获得两金、一银、一铜,总分第一的佳绩。

2010年6月17日至21日在法国举行的健美操世界锦标赛上,中国健美操队获得一金、一银、一铜的优秀成绩。

2011年2月24日至27日,在法国举行的健美操世界杯系列赛(第一站),我国健美操运动员大获全胜,把比赛五个项目的金牌全部摘入囊中。

2011年5月12日至15日,在保加利亚举行的健美操世界杯系列赛(第二站),有24个国家700多名运动员,中国健美操队在本次比赛中获得四金一银的优异成绩。

2012年6月4日在保加利亚索菲亚举行第12届健美操世界锦标赛,中国健美操队夺得7个项目的4枚金牌2枚铜牌,并获得第二年世界运动会所有项目的参赛入场券,其中三人操再次蝉联世锦赛该项目的世界冠军。

(二)我国健美操协会

1.中国健美操协会(CAA)

中国健美操协会成立于1992年9月,总部设在北京。这个协会每年举办健美操指导员、教练员、裁判员的培训班,并且举行全国健美操锦标赛。1997年初中国健美操协会由社会体育中心并入国家体育总局体操运动管理中心,理顺了我国与国际健美操组织的关系和我国健美操组织内部管理体制。中国健美操协会先后制定了《健美操活动管理办法》、《全国健美操指导员专业技术等级实施办法》、《全国健美操大众锻炼标准实施办法》,这些对我国健美操运动的普及与提高具有重大意义,标志着我国健美操运动进入一个崭新的发展阶段。

2. 中国大学生体育协会健美操分会

协会成立于 1992 年,是一个专门管理高校健美操开展工作的组织。它致力于中国学校健美操、艺术体操、动感拉拉队、体育舞蹈、健身健美等项目的全国推广开展、师资培训、资格认证、技术指导与赛事活动的举办以及与国际交流工作。协会每年举办一次全国大学生健美操锦标赛,以及一次全国高校健美操教练员、裁判员培训班,至今已举办了二十余届。

三、健美操运动的发展趋势

(一)健身健美操的发展趋势

1. 健身健美操的市场前景将更加广阔

随着生活水平的提高,现代人们的生活水平发生了巨大的变化,其特点是体力活动减少,脑力劳动增加,工作和生活的压力增大,随之而来的是文明病的蔓延。人们逐渐意识到健康的重要性,对健身的需求日益强烈,从而推动了健美操运动的开展。健身性健美操作为社会体育的重要组成部分,以其独特的魅力和特点受到人们喜爱。在这种社会大环境下,健身性健美操的市场前景将更加广阔。

2. 健身健美操的种类和练习形式将更加多样化

随着健身运动的不断发展,人们对健身的理解进一步加深,知识水平和健身的科学化程度不断提高,对健身的需求也更加追求多样化和个性化。因此出现了各种新的健美操形式,比如各种器械健美操、水中健美操以及添加流行元素的特殊风格健美操,如拳击健美操、拉丁健美操、瑜伽健美操、街舞等。这些新兴的健美操出现,迎合了参加锻炼者的年龄、性别、职业、知识结构、身体状况、健康水平和健身目的不同的需要。

3. 健身健美操练习的科学化程度将不断提高

科学化是保证健身性健美操练习效果的关键。对不同人群体质的测定可提供科学有效的运动处方。只有不断提高锻炼的科学性,才能使参加健美操练习的人真正达到有效锻炼身体的目的,并保证健美操运动过程中的安全性。因此科学化也是健身健美操运动自身发展的需要。

(二)竞技健美操的发展趋势

1. 更加注重艺术性创新

竞技健美操是一项艺术性极高并要求不断创新的运动项目。根据国际体操联合会2013—2016 年版《竞技健美操竞赛规则》,成套动作的创编必须展示出创造性的内容体现复杂性和原创性,并有艺术表现性。动作的编排、过渡连接及空间的使用和转换的流畅性都是艺术性创新的具体体现。艺术性创新要求成套动作的编排要新颖和多样化,体现音乐的风格、动作和运动员的表现之间的完美结合。艺术性创新将是竞技性健美操未来发展的重要部分。现代竞技健美操的连接更加巧妙,动作类型的选择也向高、难、新、奇发展。

2.动作技术的完成将更加完美

新周期健美操竞赛规则对动作技术的完成质量提出了更高的要求,强调成套动作必须表现出最高的准确性且无失误,尽可能展示完美的形态、姿态和关节的准确位置,体现整体的配合,展现健美操的特点,同时对难度动作的规格、减分标准及最低完成界限也做了严格详细的规定。竞技健美操对成套动作中出现不同程度的错误进行累积减分,对动作完成质量的扣分尺度加强。因此,动作的完美完成将是运动员的技术和竞技水平的具体体现,是取得优异成绩的根本。

3.难度动作向多样化方向发展

国际体操联合会 2013 版《竞技健美操竞赛规则》审核了动作的最低要求并重新调整部分难度动作的价值。新规则把难度动作分成动力性力量、静力性力量、跳与跃、平衡与柔韧四大类,难度动作分值分为 0.1～1.0 分。在降低难度动作最低要求及减少难度动作数量的同时,对超过 10 个难度动作、难度动作缺组、超过 5 次地面动作、超过 2 次落地成俯撑、超过 2 次落地成劈叉、难度动作重复等都要进行减分,这意味着难度动作的选择将向着更加多样化的方向发展。运动员在比赛中难度动作要想获得高分,就必须选择不同类型、高级别的难度动作,保证难度动作数量,达到难度动作的最低标准。复合难度是指运用全身能力和高技巧同时完成不同类型难度,复合难度的创新将是对运动员体能、身体素质、技术水平等综合素质和能力的考验。

第二节　健美操运动分类、特点与内容

一、健美操的分类

(一)健身健美操(舞)

健身健美操(舞),是一种有氧运动。它是集健身、娱乐、防病为一体的群众性、普及性健身运动。健身健美操(舞)练习的主要目的是"健身美体,增进健康"。因此,在练习时可以根据个体情况及时变化,严格遵循"健康、安全"的原则,预防运动损伤的出现,在保证安全的基础上,达到锻炼身体的目的。健身健美操(舞)动作比较简单,种类繁多,讲究针对性和实效性,节奏感强,强度和难度相对较低,而且练习时间可长可短,可以根据个体情况而变化,所以为不同年龄、性别、职业、基础的人所喜爱和选用。

随着人们对健身娱乐的需求越来越强,出现了多种时尚的健身操与健身舞,进一步丰富了健身健美操的练习形式。人们在健身的过程中更加注重表现和释放自己的情感,融入更多的舞蹈元素参加健身操(舞)的表演,在表演中展示自己的价值和魅力,成为在特定的活动场合或节日庆典中进行表演,集观赏、娱乐为一体的体育节目。表演健美操(舞)注重表演的效果,所以对音乐效果、动作设计、队形变化、表演者的动作质量及表现力等要求较高。成套动作的设计和选择上侧重于艺术性、观赏性,体现健美操的健、力、美,对参与者要求具备较好的协调性,还要有一定的表演和集体配合的意识。

健身健美操(舞)可分为徒手健美操(舞)和器械健美操(舞);器械健美操(舞)可分为手持轻器械和在器械上练习两种形式。

表 1-2-1   健身健美操(舞)的分类

徒手健美操(舞)	器械健美操(舞)	
	手持轻器械	在器械上练习
有氧健身操	哑铃操	踏板操
有氧健身舞	健身球操	单车
拉丁操	橡皮筋操	垫上操
爵士操	拉力带	
搏击操	杠铃操	
街舞	彩棒操	
形体操	花球	
瑜伽	扇子	
普拉提	帽子	
肚皮舞	彩旗	

1. 徒手健美操(舞)

(1)有氧健身操

有氧健身操是一项有氧运动,它是健身健美操的基础,是健身健美操最初的表现形式,也是健美操的精髓。有氧操是指健身爱好者在有氧状态和音乐的伴奏下,以各种操化动作为主,以舞蹈、技巧、难度以及过渡连接、托举等动作组合而成的成套动作,以达到健身、健美和健心为目的的健身运动项目。它以健身健美操常用的步法完成移动、跳跃、身体的转向,同时配合上肢及躯干动作的变化进行练习,达到健身的目的。有氧操强度适中,动作由简至难,时间由短至长,比较灵活。通过持续练习有氧操,能有效控制体重,提高练习者身体素质,锻炼心、肺功能,使心血管系统有效、快速地把氧传输到身体的每一部位。例如,全国健美操大众就属于有氧健身操。

（2）有氧健身舞

是指在音乐伴奏下,以不同风格特点的舞蹈动作元素难度素材、过渡连接技巧动作等内容为主,贯穿大众健美操基本步法,操舞结合,突出主题、强调健身性,与队形变化、托举、配合等内容有机组合,形成有一定运动强度、舞蹈风格特点突出的成套动作。其音乐与舞蹈结合紧密,锻炼时能达到愉悦身心作用,同时,人的创造力、表现力和艺术修养等综合能力都能达到提高。

（3）拉丁操

拉丁健美操是将源自欧美的拉丁舞蹈的动作和步伐,加入有氧健身操的动作,再添加一些手臂动作组合而成的。健身者在激情、狂热的拉丁音乐中,尽情展示自己美好的身段,在疯狂地扭动和淋漓的汗水中,减去腰腿部多余的脂肪。例:结合桑巴、恰恰、伦巴、曼波等元素的拉丁健美操。

（4）爵士操

由原本热情、奔放、原始的非洲黑奴爵士舞,吸收了芭蕾、现代舞、街舞、拉丁舞等时下流行的有氧舞蹈元素和技巧,改编成了爵士操。送胯、扭腰、身体呈波浪形扭动,充分表达了火辣辣的风情。

（5）搏击操

搏击操最早是由欧洲的搏击选手与职业健身操运动员推出的,结合了拳击、泰拳、跆拳道、散手、太极的基本动作,与一些舞蹈动作混合在一起,并配合强劲的音乐,成为一类风格独特的健身操。

（6）街舞

街舞的风格自然而狂放,不拘一格,突出个性表现。街舞动作强调腿的屈伸,重视身体与步法的节奏变化,增加了许多手臂组合,在随意、松弛的动作感觉外,更突出动作的韵律感与爆发力。包括嘻哈舞(hip-hop)、街头爵士舞(stteet jazz)、霹雳舞(breaking)、锁舞(locking)、雷鬼(reggae)、机械舞(poping)等内容。

（7）形体操

形体健美操是一项集体操、音乐、舞蹈、美学为一体的体育运动项目。它以芭蕾的基本动作为基础,并吸收了现代舞蹈和各国有代表性的民间舞蹈,配以徒手操、轻器械和垫上练习等动作精华,以发展柔韧、协调、灵活、力量、耐力等身体素质,达到塑造优美形体之目的。

（8）瑜伽

瑜伽(yoga)是东方最古老的强身术之一,公元前起源于印度,在全世界流行。瑜伽一词源于梵文音译,有结合、联系之意,这也是瑜伽的宗旨和目的,即为达到其想而集中意识之义。瑜伽姿势练习经过了几个世纪的锤炼,已得到净化。通过有规律的平衡、力量、柔韧、核心、心肺功能五大部分的练习,可使人们发展灵活性、平衡能力、获得坚韧、巨大的生命力以及对疾病的抵抗力,还可消除疲劳和安定神经。

（9）普拉提

普拉提最大的特点是简单易学,不仅动作平缓,而且可以有目的地针对手臂、胸部、肩部和腰腹臀等躯干进行锻炼,同时又能增强身体的柔韧性。而且,这项运动不受活动地点的限制,无论专业健身房还是起居室,同样可以练习。

（10）肚皮舞

肚皮舞(Belly Dance)是一种带有阿拉伯风情的舞蹈形式,起源于中东地区,并在中东和巴基斯坦、印度、伊朗等其他受阿拉伯文化影响的地区取得长足发展,19世纪末传入欧美地区,至今已遍布世界各地,成为一种较为知名的国际性舞蹈。其特色是舞者随着变化万千的节奏快速摆动臀部和腹部,舞姿婀娜优美,变化多端,尽显阿拉伯风情。近些年,肚皮舞也作为一种深受女士喜爱的减肥方式在世界各地广为流行。

2. 轻器械健身操(舞)

是健美操(Aerobic Gymnastics)运动项目的一种特殊呈现方式,是指健身爱好者在音乐的伴奏下,利用轻器械结合各种操化动作、舞蹈动作等身体语言,完美完成具有健身性、娱乐性、可观赏性的成套动作,以达到健身、健美和健心为目的的大众参与的健身运动。

轻器械是指在运动过程中,运动员能轻松持握、传递或搬动的,具有健身或表演功效的器械,器械健美操(舞)可分为手持轻器械和在器械上练习两种形式。

（1）手持轻器械健身操(舞)

① 哑铃操:哑铃操是在徒手健美操基础上,手持哑铃进行身体练习的一种体育锻炼形式。由于哑铃本身有一定的重量,所以对发展上肢各部位关节的柔韧性、灵活性和完成动作时肌肉的控制能力有较强的作用。

② 健身球操:健身球操(Fitball)是利用健身球不稳定的特性,通过持球和在球上做不同的动作来锻炼人的平衡、力量、柔韧等素质,从而达到收紧肌肉并增加人体曲线美的塑身效果。健身球锻炼时比较安全,不容易出现损伤,是一项比较适合在健身房和在家练习的运动项目,通过经常练习可以改善人的姿态,缓解肌肉疲劳,减少脂肪,增强力量,改善平衡能力,增强躯体控制能力。健身球一般用 PVC 材料制成,直径从 60cm 到100cm 不等。

③ 橡皮筋操:橡皮筋的主动拉伸和被动反弹动作均有利于胸部的扩展活动,对含胸和脊柱畸形有预防和矫正作用。橡皮筋操简便易行,可在任何场所进行,是长期伏案读书或工作的青年朋友们的有效健身手段。

④ 杠铃操:杠铃操是将特制的杠铃和健美操进行组合的一种运动。通过调节杠铃的重量来针对不同年龄、性别和体质的人士进行练习,可以快速提高肌肉耐力和肌肉力量,

消耗大量的卡路里,雕塑出完美的身体线条。通过练习还可以增加骨密度,预防骨质疏松症,改善内分泌,提高人体免疫力。杠铃操在英文中的含义是"身体充电",它由适当的重量、激昂的音乐、坚强的意志和响亮的呐喊组成。它不但可以加快练习者体内新陈代谢的速度,迅速燃烧脂肪,而且还能锻炼练习者的耐力,提高自信。健身杠铃是特制的,杠铃的杆是空心的,杠铃盘是由塑料材质制成,重量分为 1.25kg、2.5kg、5kg、10kg 不等。

(2)在器械上练习的健美操

①踏板操:踏板操 19 世纪中期起源于欧美,是一项时尚、高效的有氧运动。它要求练习者始终运用踏板的基本步法在一块可随意调整高度的踏板上进行上下运动,完成横板、终板、对角线的穿越,板上转体等动作内容。踏板的最低规格要求为宽 40cm、长 90cm、高 15cm。通过高强度的运动,能有效地增强心肺功能与协调性,同时也是减肥瘦身、增强下肢力量的一种有效运动项目。

②单车:动感单车是时下健身俱乐部里深受广大健身爱好者喜欢的时尚健身课程,是一种通过室内时速单车,结合音乐、灯光等视觉、听觉效果,体验不同速度及阻力,充满青春活力的一项室内健身运动。动感单车主要根据个人体能状态来调节车的阻力和转数,在具有令人振奋激昂和强烈节奏的音乐伴奏下,在领操员充满激情的口令引导下,模拟上下坡、平地、冲刺等动作,在快乐中有效加强肌肉的耐力及心肺的转换功能,大量消耗脂肪,达到去脂减肥的效果。

③垫上操:垫上操是人体在地面取卧姿进行锻炼的健身操,它最大限度地减少了人体重量对关节的压力,使练习者在安全无损伤和相对松弛的状态中进行练习。这样可以有针对性地对身体各个部位的肌肉群进行专门性练习,更有利于肌肉发力和牵拉。通过垫上健身操练习对提高柔韧性、力量性有比较显著的作用。

(二)竞技健美操

竞技健美操是一项在音乐伴奏下,能够表现连续、复杂、高难度成套动作的运动项目。竞技健美操是在传统有氧健身运动的基础上发展起来的,其主要目的是"竞赛"。目前国际体操联合会举办的健美操世界锦标赛所设的正式比赛项目为女子单人、男子单人、混合双人、三人、集体五人、8 人有氧舞蹈和 8 人有氧踏板等 7 项。

竞技健美操有特定的竞赛规则和评分办法,其成套动作必须展示连续的动作组合、柔韧性和力量,7 种基本步伐的多样性操化动作组合,高质量地、完美地完成各类难度动作。竞技健美操对人的身体素质、技术能力和艺术表现力有较高的要求,是展示人体"健、力、美"的竞赛项目。竞技性健美操在参赛人数、比赛场地和成套动作的时间等方面都有严格规定,在动作的设计上更加多样化,并严格避免重复动作和对称性动作。

二、健美操运动的特点

(一)高度的艺术性

健美操是融体操、舞蹈、音乐于一体,追求人体健与美的运动项目。"健康、力量、美丽"是人类有史以来所追求的身体状况的最高境界,而健美操运动中无不处处表现出"健、力、美"的特征,包含着高度的艺术性因素。健美操运动协调、流畅、有弹性,使练习者不仅锻炼了身体、增强了体质,而且从中得到了"美"的享受,提高审美意识和艺术修养。

(二)强烈的节奏性

健美操动作具有强烈的节奏性,并通过音乐充分地表现出来,音乐是健美操的灵魂。健美操的配乐强调旋律的激昂振奋,节奏的鲜明强劲,使健美操体现出一种强烈的动律感,充满着青春活力。健美操音乐多取材于迪斯科、爵士、摇滚等现代音乐和具有上述特点的民族乐曲,从而体现出鲜明的现代韵律感,节奏强劲有力、旋律优美,具有烘托气氛、激发人们情绪的效应。人们喜爱健美操运动,很重要的因素之一就是现代强烈节奏感音乐给健美操带来的活力,使健美操更具有感染力和观赏性。

(三)广泛的适用性

健美操能够健身美体,符合现代人追求健美身心的需要。在激昂的音乐声中,舒活筋骨,自娱自乐,能给人们带来欢快奔放的情感体验。健身健美操练习的形式多样,参加的人数可多可少,时间可长可短,运动量可大可小,易于控制,适合于不同行业、不同年龄、不同性别、不同体质的人锻炼,各种人群都能从健美操练习中找到适合自己的方式,都能从健美操练习中获得乐趣。此外,健美操锻炼对场地、器材条件要求不高,练习起来简便安全,适合不同地区、不同条件的人群开展,健美操具有广泛的适用性。

第三节　健美操运动对当代大学生健身的价值

健美操是时代的产物,是基本体操艺术化、动力化、健身化趋势的反映,也是一项具有实用锻炼价值的运动项目。对于大学生来说,能够增进健康,增强体质,改善体形体态,调节心理活动,陶冶美好情操,增强社会交往能力。

一、增进健康、增强体质

"强身健体"是体育最主要的本质功能,健美操作为体育运动中的一项,同样具备这些作用。从某种意义上说,健康是人体美最基础、最本质的表现,也可以说健康就是美。健美操是通过它特有的练习内容和练习方法,来达到增强体质,提高身体素质,促进人体全面健康的目的。健美操锻炼,对身体各器官、系统产生良好的影响。

健美操是一项具有锻炼实效的运动项目,经常参加健美操锻炼,可以使心肌纤维增粗,心肌收缩增强,心输出量增加;提高呼吸肌的功能,加强呼吸深度,使机体具有较强的有氧代谢能力;刺激肠胃的蠕动,增强消化的机能,促进人体新陈代谢,有助于营养物质的吸收和利用,增进健康;提高中枢神经系统的机能水平,提高大脑皮层兴奋与抑制过程的强度、灵活性、均衡性及综合分析能力等。

二、健美形体,塑造优美体态

"形体"分为姿态和体型。姿态是我们平时的一举一动表现出来的行为习惯,属于外部形态,受后天因素的影响较大。而体型则是我们身体的外形,虽然遗传因素起决定性的作用,但科学的锻炼和良好的生活习惯可以改善我们的体型。良好的身体姿态是形成一个人气质、风度的重要因素。健美操运动的独特功能可以对人的身体均衡发展产生积极影响,特别是能增加胸背肌肉的体积,消除腹部沉积的多余脂肪,使体态变得丰满、线条优美动人。通过正确的形体训练能矫正不良的身体姿态,培养正确端庄的形体,使锻炼者养成良好的举止风度,展现出当代大学生的健康美和时代美。

三、调节心理活动,陶冶美好情操

大学生在高校阶段既要学习专业课程,又要准备走向社会迎接各种挑战,会受到方方面面的精神压力。研究证明,长期的精神压力不仅会引起各种心理疾患,而且许多躯体疾病也与精神压力有关,如高血压、心脏病、癌症等。通过适当的体育运动可缓解精神压力,预防各种疾病的产生。健美操是一项在音乐伴奏下进行身体练习的运动项目。通过健美操练习,不仅能形成优美的体态,而且对人的心理状态也有良好的影响。健美操动作优美、协调,使身体得到全面的锻炼,同时在音乐伴奏下,使人陶醉在美的韵律之中,很快排除心理上的紧张与烦恼,使身心得到调节,精神面貌和气质修养都会有所改善。大学生在练习过程中能够展示美、表现美,在满足人的运动欲望的基础上,获得美感,内心产生愉快的情绪体验,达到娱乐身心的目的。

四、增强社会交往能力

健美操锻炼增强了大学生的社会交往。健美操在高校中主要以集体形式练习,把"我"置于"我们"之中,使练习者体验到个人与集体的关系。这种锻炼方式扩大了大学生的社会交往面,把自己从学习、工作和家庭的单一环境中解脱出来,可接触和认识更多的人,眼界也更开阔,从而为生活开辟了另一个天地。大家一起跳、一起锻炼,共同欢乐、互相鼓励,有些人因此成为终身的朋友。通过集体练习,有助于增进友谊,结交朋友,提高群体意识,从而建立起一种融洽的人际关系。

学以致用

1.试谈健美操的特点。
2.简述健身健美操运动当前的发展趋势。
3.竞技性健美操国际组织有哪些?举出 3 个国际性的健美操赛事。

知识拓展

第一场竞技健美操比赛的诞生

1985 年,美国首次举行阿洛别克(Aerobic)健美操比赛。来自全美各地的男女健美操运动员,在 5 平方米的场地上,用 1 分 30 秒到 2 分的时间表演造型美观、力度明显、变化多样、流畅舒展的男女单人、混合双人、女子三人的成套健美操。比赛内容每套操包括俯卧撑 4 次,仰卧起坐 4 次,高踢腿 4 次,5 秒钟连续原地跳四类规定动作,另外还有大量的徒手操动作,现代舞和民间舞蹈动作以及简单的技巧性动作。运动员在每分钟 144~156 拍的快节奏音乐伴奏下边舞边操,充分显示了青春活力。正是这次比赛,使健美操得到了迅速推广和发展,以致成为全球性的运动。

我国首届竞技健美操比赛

1987 年 5 月,由康华健美康复研究所、北京体育学院、中央电视台等 5 个单位联合举办了我国首届竞技健美操比赛——长城杯健美操友好邀请赛。这次比赛有男女单人、混双、男女 3 人、混合 6 人五个项目,每套操有特定动作的要求和时间要求。这次比赛,全国各省市共有 30 多个代表队,200 多名运动员参加,盛况空前。

第二章　健美操的基础知识及运用

应知导航

　　爱好健美操运动，乐于调整自身状态并富有创造精神的同学，在此章节可以获得你们感兴趣的知识哦。我们通过了解生理负荷、运动负荷以及评价体系来帮助自己调整锻炼计划，达到最佳锻炼效果。通过对营养的介绍，提供了合理膳食的标准，给出了特殊健身诉求者的饮食处方供参考，当然最重要的是你可以尝试自己搭配营养，科学地控制饮食。本章将带领我们打开健美操练习之门，进入到快乐、动感、健康的健美操运动中。

第一节　健美操锻炼的生理负荷

　　健美操锻炼的生理负荷由锻炼时身体承受的运动负荷决定，并通过心率指标和本体感觉表现负荷的大小。从生理学角度看，运动中机体承受的生理负荷是对肌体的有效刺激，是引起各器官系统功能产生适应性增强的原发因素，只要方法得当，适宜的运动负荷刺激能达到增强体质的目的。负荷过大，刺激机体的量超过身体所承受的量，不仅不能强身健体，反而会导致机体损伤；反之，负荷过小，机体不能引起到适应性变化，起不到强身健体的作用。因此，科学地确定运动负荷，是获得良好健美操锻炼效果的前提。

一、决定健美操生理负荷的因素

　　生理负荷是以生理功能为指标来表示运动负荷的大小。决定运动负荷大小的主要因素是运动强度、时间、频率，三者间的相互作用决定运动能量消耗。

　　（一）运动强度

　　运动强度指的是在相同时间里不同运动方式消耗机体能量的多少，主要反映了运动的剧烈程度，常用每分钟的心率来表示强度的大小。在制订训练计划时应当选择一个适宜的运动强度,运动强度太小达不到锻炼目的,太大容易受伤,而不同身体状况的人所能适应的强度也不一样。在有氧运动中,运动强度取决于走与跑的速度,蹬车的功率及登山时的坡度等;在力量和柔韧性练习中,运动强度取决于负荷重量。运动强度是否合适关系到锻炼的效果和锻炼者的身体健康,应按照每个人的特点来确定锻炼时的强度。比如说跑步机,跑速就是运动强度,但每个人身体状况不同,所能承受的运动强度也就不同,所以,在跑速的选择上要量力而行。

要选择最佳运动强度,就必须根据各人的年龄、性别、职业特点、体力状况、健康水平、体育基础、生活环境和锻炼目标来综合决定。运动强度是确保运动效果和安全的重要指标,包括心率、代谢当量等。其中用"靶心率"判定法确定运动强度简单易行。当人体运动达到最大强度时,心脏的负荷也达到极限,此时的心率称为"最大心率",其计算方法为:最大心率=220-年龄。而最大心率的60%~80%,则被称为"靶心率"或"运动中适宜心率"。研究认为,当人体运动时,心率若在靶心率范围内,一般都能收到最佳的锻炼效果,也不会损害身体,患有心血管疾病的锻炼者尤其要注意这一点。

测量运动强度的简单办法是:测量运动后 10s 脉搏×6,就是 1min 的运动强度。如果在运动中你的心率超出了最大心率值,可能会带来较大的运动伤害。靶心率=(220-年龄)×60%~80%。如年龄为 20 岁的健康大学生,其最大运动心率为:220-20=200次/分。适宜运动心率,下限:200×60%=120 次/分,上限:200×80%=160 次/分。即该 20 岁大学生日常锻炼时的靶心率范围为 120~160 次/分。

但是,对于年龄在 50 岁以上并伴有不同程度慢性病的老年人来说,靶心率可以为170-年龄,甚至更低一些。也就是说要降低运动强度,避免锻炼对心脏造成过重的负担,以防出现危险,如加重病情,甚至引发严重心血管事件。

(二)运动持续的时间

运动持续的时间长短与运动强度成反比,强度大,持续时间短,强度小,则持续时间长。健康状况不佳及身体素质较差者,应从低强度的运动开始,逐渐增加运动强度和运动时间。例如,对于耐力较差的锻炼者,以每次运动 30 分钟为例,每组 5 分钟,完成 4~6组,组间间歇时间短,每组运动时间可逐渐增加直至达到目标。增加时间应根据个人身体情况而定,要防止出现过度疲劳或损伤。

(三)运动频率

运动频率指每周锻炼的次数。而每周锻炼的次数由运动消耗的能量、锻炼者的生活方式和个人爱好决定。每周进行 3~4 次有氧运动,每次锻炼 1 小时,就可以达到强健身体的目的。如果每日锻炼 1 次,可以得到更好的健身效果。一般情况,每周进行 2~3 次力量练习,两次练习之间休息 1 到 2 天,可使机体得到"超量恢复"。锻炼强度不高、运动时间不长的锻炼者应每周运动 5 次以上。

运动强度、时间、频率三者之间要处理适当。强度越大,时间和频率就要相应减少,强度适中,则时间和频率可以相应加大,要做到适量,以练习者承受得了并有一定的疲劳感为宜。

二、健美操的生理负荷评价

只有适宜的负荷刺激机体,才能有效地发展身体机能,达到强身健体的目的。

(一)评价指标

1.运动系统

(1)肌力:肌肉力量可表现为绝对肌力、相对肌力、肌肉爆发力和肌肉耐力等几种形式。通常所说的肌力是指绝对肌力,即肌肉最大收缩时所能产生的力,通常用肌肉收缩时能克服的最大阻力负荷来表示。

(2)爆发力:是指人体在最短时间内做功时所能产生的最大力量。

(3)柔韧性:是指用力做动作时扩大动作幅度的能力。动作幅度增加,对于提高动作质量非常重要,往往柔韧性越好,动作就越舒展、优美和协调,并且有助于减少运动损伤。

2.心血管系统

(1)心率:是每分钟心脏跳动的次数,是了解循环系统机能的最简单易行的指标之一。正常人安静状态时心率约为 60～100 次/分。在运动实践中常用心率来反映运动强度及运动训练对人体的影响。心率有明显的个体差异,不同年龄、不同性别和不同生理情况下,心率都不同。经常锻炼者和从事体力劳动者,安静状态下心率较慢。

(2)脉搏:是由心脏输出血液引起动脉管壁的波动称为脉搏,是作为评价心血管机能状态及监控运动量及运动强度的有效指标之一。正常人脉搏 75 次/分,和心率一致。所以我们可以通过测量脉搏得出心率次数。经过长期的健美操练习,脉搏次数会降低,这是身体机能提高的表现。

(3)血压:是指血管内的血液对单位面积血管壁的侧压力。

(4)最大摄氧量:是反映人体心肺功能的一项综合生理指标。它是指人体在进行有大量肌肉群参加的长时间剧烈运动中,当心肺功能和肌肉利用氧的能力达到本人极限水平时,每分钟能摄取的氧量,是评定人体有氧工作能力的重要指标之一。

3.呼吸系统

人在运动中通常会使肺部的容积和吸氧量成倍增长,通过反复锻炼,增强呼吸肌的收缩能力,扩大胸廓的活动范围,使呼吸肌变得强劲有力。安静时呼吸加深,次数减少;运动时吸氧量增大,从而使机体具有较强的有氧代谢能力。

缺乏锻炼的人,肺活量小,呼吸比较浅,随着活动量的增加,便会产生气喘、胸闷等现象,很难忍受剧烈的身体活动。

4.神经系统

从神经生理学观点来看,人体在从事健身性健美操运动的过程中,肌肉与肌腱的收缩和牵张,以及身体各部位的空间位置变化等信息,都以神经冲动的形式接连不断地传向中枢神经,到达大脑皮质。适当的运动是外周神经主要的生理刺激,能使大脑皮质兴奋和抑制过程更加协调,从而提高神经系统的工作效率。肌肉对神经刺激发生反应的速度和准确性以及各肌肉之间互相协同配合的能力也有很大的改进,在进行复杂动作时能有条不紊地发挥出最大的运动效能。

(1)灵敏性:是指人体迅速改变体位、转换动作和随机应变的能力。它是多种运动技能和身体素质的综合表现,是一种较为复杂的素质。

(2)平衡性:指人体保持平衡的能力,它体现了神经系统对肌肉控制的能力。

5.消化系统

长期进行身体锻炼,代谢活动增强,物质大量消耗,这就增强了身体对营养物质的需求,消化管蠕动增强,消化液分泌增多,促进了对食物更好的消化和吸收。由于锻炼还对腹肌、平滑肌和盆腔肌有增强作用,使腹腔内的消化器官保持正常的位置,所以健美操锻炼对治疗内脏下垂和预防便秘有良好效果。

6.内分泌系统

人体内各器官的机能,一方面受神经系统的调节,另一方面也受内分泌的影响。健身性健美操运动可调节内分泌腺的功能,促进人体新陈代谢和正常的生长发育。当剧烈运动时内分泌腺能产生适应性反应,对协调肌肉活动和提高人体机能能力起着重要作用。

7.泌尿系统

肾脏不仅有排泄代谢终产物的作用,还有调节体液、维持体内渗透压和酸碱度的作用,从而对维持人体内环境的相对稳定起重要作用。肾脏以尿液的形式排除各种代谢产物,如尿素、尿酸、肌酐、水和无机盐类等。运动会引起肾功能的改变,这些变化可通过检查尿量和尿液成分来检验。

(二)评价方法

1.主观评价

自我检测是人们在健美操锻炼过程中,对自己身体健康状况及锻炼效果进行评价的最为简便实用的一种方法,同时也是锻炼者评定运动负荷大小、预防运动伤害、尽早发现过度疲劳的有效措施。如果通过一段时间的健美操锻炼,练习者的精神、心情、体力、食欲都比以前有所好转,说明锻炼效果不错;反之,则可能是疲劳过度或健康状况不佳。

(1)参加锻炼的欲望

身心健康的人,主观感觉是精力充沛、活泼愉快;积极地参加工作、学习和身体锻炼,并且学习和工作效率高。运动过度或患病就会感到精神萎靡不振,不愿做任何事情,身体软弱无力,行动迟缓,情绪容易激怒等。在运动前如果不乐意执行锻炼计划,表现出态度冷漠、厌倦,则可能是早期过度疲劳和健康状况不佳的征兆。

（2）运动后恢复情况

一般人锻炼后都会产生一些肌肉酸痛、四肢乏力等现象，如若运动负荷安排适当，这些现象经过适当休息便可消失，健身锻炼水平越高恢复得越快。若在保证休息和营养的情况下，上述现象长时间不能消退，就可能是过度疲劳的表现。有的在运动中或运动后，出现头痛、头晕、恶心、胸闷或腹痛等不良感觉，其原因大多与锻炼的内容、方法、运动负荷安排不当有关，这就需要注意休息调整，必要时可到医院检查，以防止运动性损伤的发生。

（3）睡眠

睡眠对消除运动后疲劳具有重要意义。正常的睡眠应该是睡得快、睡得深，早起感觉轻松。经常锻炼的人，若出现入眠难、失眠、惊梦、早起浑身乏力或嗜睡等现象，则应检查锻炼方法和运动负荷的安排是否适当。

（4）食欲

经常参加锻炼的人机体代谢旺盛，食欲一般较好。在正常情况下，若出现食欲缺乏，并伴有口渴，则可以考虑是否是过度疲劳或健康状况不佳。

（5）排汗量

运动时，人体的排汗量与运动负荷、训练水平、饮水量、气温、湿度等有关，若其他因素相同，人体的排汗量将随运动负荷的加大而增加，又随锻炼水平的提高而逐渐减少。在适宜的外界条件和运动负荷强度下，若出现大量排汗，甚至发生夜间盗汗等反常现象时，则可能是近期运动负荷过大或身体健康状况下降的反应。

（6）用运动时的感觉确定运动负荷

瑞典生理学家 Bong 设计出用运动时的自我感觉确定运动负荷的新方法。这种方法将主观心理用力感觉等级表（简称 RPE）作为运动时生理负荷的标志（表 2-1-1）。该表把自我感觉分为十五个级别，用 6～20 表示，使用时以 RPE 值乘以 10 为接近当时练习者的心率水平。通过多位学者的运动试验检验，发现主观用力感觉和上述生理指标密切相关，RPE 与心率之间的相关系数为 0.80～0.90。进行健美操锻炼也可参照此量表。

表 2-1-1　主观用力感觉等级（RPE）

自我感觉	等级	自我感觉	等级
非常轻松	6、7、8	累	15、16
很轻松	9、10	很累	17、18
上轻松	11、12	精疲力竭	19、20

（引自王洪：《健美操教程》）

2.客观评价

生理指标测定法是指练习者在参加健美操锻炼前测定的一些生理指标，在经过一段时间锻炼后再测一次,然后把第一次所测数据与第二次所测数据进行同项对比,以观察锻炼效果的一种方法。

(1)运动系统评价的方法

①肌力

测量肌肉绝对力量的方法是用握力计测定,练习者分别用左右手尽自己的最大力气握住握力计,然后读数,这时的读数即为练习者的最大绝对力量。握力对于短期的训练效果不明显,必须经过长期的训练效果才显著。练习者一般在阶段训练前测一次,训练结束后再测一次,比较两次测量结果。练习后的力量一般会有所增加,增加的幅度与练习者的练习量及练习强度有关,练习的强度及练习量越大,肌力的增加也越大。

②爆发力

以腿部力量为主测定全身爆发力的方法可以用立定跳远。要求没有助跑原地直接往前跳,测量其所跳的水平距离。

表 2-1-2　腿部力量测定评价

年龄(岁)	立定跳远(cm)男	立定跳远(cm)女
50 以上	179	100
40～49	180～204	101～120
30～39	205～225	121～140
20～29	226～245	141～160
16～20	246	161

③柔韧性

柔韧性是指用力做动作扩大动作幅度的能力。柔韧性受先天遗传影响,但是通过健美操伸展练习,柔韧性会提高。方法是立位体前屈测量,练习者双膝、双脚尽量伸直,逐渐向前弯曲,不能抬脚跟,双手尽量向下做最大幅度的延伸。双手只能碰及踝关节以上属于差,手指能碰到脚属于一般,掌跟触及地面优秀。

(2)心血管系统评价的方法

①心率

库珀博士将运动负荷进行了量化,提出运动强度的极限指标公式:A. 对于没有训练基础的人 220 次/分－年龄＝最高极限心率;B. 对于有训练基础的人 205 次/分－年龄的一半＝最高极限心率。有了最高极限心率的计算方法,那么,心率在什么范围内才能起到最佳的锻炼效果呢？美国健身研究协会推荐的健身指标区是:最大心率×65％～80％,美国心脏学会推荐的健身指标区是:最大心率×60％～75％,美国运动医学院推荐的健身指标区是:最大心率×65％～90％。心率在以上三种指标范围内属于有氧运动,百分比的指数越高,运动负荷对身体的刺激就越大,锻炼的效果就越明显,如果百分比超过上述范围则是无氧训练,对一般健身无益,但过低对身体又起不到作用。因此,选择适合于自己的负荷,才能取得最佳的锻炼效果。

健美操练习者可以测量清晨起床时的脉搏来判断运动效果的好坏。清晨起床前测量10秒的稳定脉搏,然后乘以6就是一分钟的脉搏。把每天记录的数据绘制出一个曲线,如果曲线能保持平稳或有所下降,说明机能状况良好,训练效果不错,反之,如果心率增加12次/分以上则说明机体反应不良,可能是疲劳或生病引起的。

②血压

血压是由心室射血和外周阻力两者互相作用的结果。正常人的收缩压 100～125mmHg;舒张压 60～80mmHg。评定时注意男子比女子略高,血压随着年龄升高。评定方法是测清晨安静时的血压,如果静血压较平时高 20%,或经常保持在收缩压140 mmHg,舒张压 90 mmHg 以上,可诊断为疲劳,应调整运动量。

(3)呼吸系统评价的方法

评价呼吸系统机能的好坏,可以通过在定量负荷的练习后,测量练习者的肺通气量,然后通过前后数据的对比,判断练习者的心肺功能是否有所改善。如果肺通气量不变或有所下降,这表明身体机能提高。其中最简易的测量方法是测肺活量,测量前先做 1～2 次深呼吸,然后尽量吸气,再尽量呼气,所得数据就是肺活量。健身性健美操练习能使人的肺活量水平提高,也能延缓肺活量的衰减。如果阶段性练习后出现肺活量下降,说明练习强度或是练习量不合理,也有可能是练习者的呼吸系统出现病变。

(4)神经系统评价的方法

①平衡性

平衡性的测定可以用睁眼静力平衡或金鸡独立的方法进行测试。睁眼静力平衡是让练习者用优势脚在 2.5cm 宽的木板条上站立,记录站立时间。金鸡独立是测试者双手叉腰,单足站立,另一条腿置于支撑腿的膝关节处,直到平衡性被破坏、支撑腿移动为止。时间越长,说明平衡能力越好。

②灵敏性

跳图立卧撑测验时练习者由站立姿势开始,听到信号后开始做两手、足前撑地,跳成俯卧撑姿势,然后灵敏性的测定可用立卧撑测验进行。屈蹲,最后恢复站立姿势,规定时间内完成次数越多者,灵敏性越好。

第二节　健美操运动的营养指导

一、健美操锻炼与营养

营养和体育运动都是促进人体健康的重要因素。营养是构成机体组织的物质基础，体育运动则可以增强机体的机能。两者科学地结合，可有效地促进身体发育和提高健康水平。只注意营养而缺乏体育锻炼，会使肌肉松弛，肥胖无力，机能减弱；若只注重体育锻炼而缺乏必要的营养保证，体内的物质能量消耗就得不到应有的补偿，身体的健康和发育就会受到不良影响。

要做到科学、正确地选择食物，充分发挥食物的营养作用，必须了解人体所需的营养成分，包括糖、脂肪、蛋白质、维生素、食物纤维、矿物质和水七类。

（一）糖

糖是人体所必需的营养素之一，经人体吸收之后转化为碳水化合物，以供人体能量。糖主要分为单糖和双糖。平常所说的糖主要包括：甘蔗糖、甜菜糖、雅津甜高粱糖等。各种糖的功能基本相同，但是被人体消化吸收的快慢不一样。所有的糖都在消化道内分解成单糖后才被机体吸收，所以单糖的吸收速度比多糖快。

糖的主要功能是提供热能。我国的膳食结构是高糖膳食，从膳食中摄入的糖量已不少。因此，在膳食充足的情况下，没有必要另外补充糖。食入过多的糖，可使糖在体内转化成脂肪储存起来，导致肥胖、糖尿病、心血管疾病等，不利于健康。

由于糖在体内的代谢有耗氧少、供能快等特点，在进行健美操锻炼前，体质弱者可适当地补充一些糖，可以节省体内糖元，防止低血糖，从而减轻或延迟疲劳的发生，有利于提高锻炼效果。

表 2-2-1　常用食物中糖的含量　　　　　　　　　　　　　　　　(g/100g)

食物名称	含糖量	食物名称	含糖量	食物名称	含糖量
大　米	77	莲子（干）	61.9	豌豆（干）	57.5
面　粉	75	花　生	15.5	赤　豆	61.0
玉米面	71	板　栗	41.5	牛奶粉（全脂）	52.0
高粱面	76	柿　子	15.0	猪　肉	0.9
小　米	73	苹　果	13.0	鲤　鱼	1.0
马铃薯	18	柑　橘	13.0	甘　蔗	14.0~18.0

续表

食物名称	含糖量	食物名称	含糖量	食物名称	含糖量
甘薯	13	橙	10.0	甜菜	16.0～20.0
芋头	16	菠菜	4.0	菠萝	12.0～15.0
藕	18	大白菜	3.0	玉米秸	8.0～12.0
藕粉	85	牛奶	5.0	胡萝卜	3.0

(引自齐波:《人体营养与营养素》)

(二)脂肪

脂肪,俗称油脂,由碳、氢和氧元素组成。脂肪主要由脂肪酸构成,脂肪酸的种类很多,可分为饱和脂肪酸与不饱和脂肪酸两类。它既是人体组织的重要构成部分,又是提供热量的主要物质之一。脂肪的主要来源是烹调用油脂和食物本身所含的油脂,如肉类、乳制品、坚果等。

人体对于脂肪的实际需要量并不高,一般认为每天 50 克就足够了。过多地摄入脂肪对身体不利。一方面脂肪在体内代谢耗氧较多,另一方面过多的脂肪,尤其是动物性脂肪,是导致肥胖、高血脂和动脉硬化的主要原因之一。并且高脂肪膳食还可引起高脂血症,使毛细血管内血液流动缓慢,红细胞的气体交换功能受影响。因此,膳食中的脂肪不宜过多。

体内脂肪是长时间运动时的主要能量来源,但脂肪必须在氧充足的情况下才能被氧化。所以,选择有氧运动来消耗和减少脂肪是最科学、安全的方法。

表 2-2-2　几种常用食物中的脂肪含量　　　　　　　　　　　　　(g/100g)

食物名称	脂肪含量	食物名称	脂肪含量
猪肉(肥)	90.4	水果	0.1～0.5
猪肉(肥瘦)	37.4	大米	0.8～1.5
牛肉(肥瘦)	13.4	西瓜子(炒)	44.8
羊肉(肥瘦)	14.1	南瓜子(炒)	46.1
鸡肉	9.4	栗子	1.7
牛奶粉(全脂)	21.2	大枣(干)	0.4
鸡蛋	10.0	松子仁	70.6
黄豆	16.0	葵花籽仁	53.4
花生仁	44.3	芝麻	39.6
核桃仁	58.8	蔬菜	0.1～1.5

(引自张钧:《食物营养学》)

（三）蛋白质

蛋白质由许多氨基酸构成，它具有构成机体组织、调节生理机能、供给身体热能的功能。蛋白质与人体运动能力有密切关系。肌纤维增粗、力量增大，必须依靠肌肉中蛋白质的含量增加；血红蛋白和肌红蛋白的增加，对改善运动时体内的物质代谢有着十分重要的作用。蛋白质长期供给不足，机体将发生蛋白质缺乏症，表现为因血浆蛋白浓度下降而出现的水浮肿、酶的活性降低和机能减弱、球蛋白减少、抵抗力下降等。儿童表现为生长发育迟缓，甚至妨碍智力发育；成年人则出现体重下降、肌肉萎缩、贫血等症状；妇女还可能使月经发生紊乱。但过多摄入蛋白质对身体也无益，它在代谢和排泄中会增加肝脏和肾脏的负担，尤其在膳食热量不足时，这种危害作用更大。因此，在进行健美操锻炼时，要注意合理地补充蛋白质，既不要过量，又不能缺少。一般瘦肉、鱼、蛋、花生、大豆及豆制品等含蛋白质较高。

表 2-2-3　　几种食物蛋白质含量　　　　　　　　　　　　　　　　　　（g/100g）

食　物	含　量	食　物	含　量	食　物	含　量
牛　奶	3.0	大　米	7.4	大白菜	1.7
鸡　蛋	12.3	小　米	9.0	油　菜	1.8
瘦猪肉	14.6	标准粉	11.2	菠　菜	2.6
瘦牛肉	20.2	玉　米	8.7	马铃薯	2.0
羊　肉	17.1	大　豆	35.1	苹　果	0.5
草　鱼	16.1	花生仁	25	鸭　梨	0.2

（引自张钧：《运动营养学》）

（四）维生素

维生素（Vitamin），也叫做维他命，是另一种重要的营养物质。与糖类和脂类不同的是它不是直接供应能量的营养物质，与蛋白质不同的是它不是生命的基本单位，而且最关键的一点在于它无法通过人体自身合成。在天然的食物中含量很少，但这些极微小的量对人体来说却是必需的。维生素对于生命的重要作用主要是参与体内的各种代谢过程和生化反应，参与和促进蛋白质、脂肪、糖的合成利用。许多维生素还是多种酶和辅酶重要成分。维生素缺乏症就是因维生素缺乏，酶的合成受阻，使人体的代谢过程发生紊乱，从而引起身体疾病。一般情况下，人体所需的维生素主要由食物供给，在食物供给充分的情况下，不必另外补充维生素制剂。

1.维生素 A：防止夜盲症和视力减退，有助于对多种眼疾的治疗（维生素 A 可促进眼内感光色素的形成）；有抗呼吸系统感染作用；有助于免疫系统功能正常；促进发育，强壮骨骼，维护皮肤、头发、牙齿、牙床的健康；有助于对肺气肿、甲状腺功能亢进症的治疗。各种动物肝脏与蛋黄中含量较多，黄色与绿色蔬菜中含维生素 A 较多。

2.维生素 B1:促进成长;帮助消化。主要来源是粮食,多含在胚芽和上皮部分。此外,在绿叶蔬菜、酵母、肉类、动物的心、肝、肾中都含有。摄入过多的维生素 B1 不会在体内储存,多余的会从尿中排出。

3.维生素 B2:促进发育和细胞的再生;增进视力。在食物中的分布不广,动物性食物中含量较高,其中动物内脏、奶、蛋含量较多,豆类和新鲜绿叶蔬菜中含有少量。由于维生素 B2 在食物中含量较少,所以容易缺乏。

4.维生素 B5:有助于伤口痊愈;可制造抗体抵抗传染病。

5.维生素 B6:能适当消化、吸收蛋白质和脂肪。

6.维生素 C:治疗受伤、灼伤、牙龈出血;具有抗癌作用;可治疗普通的感冒;预防坏血病。维生素 C 主要含在植物性食物中,分布很广,几乎所有蔬菜和水果中都含有。维生素 C 易受烹调和储存环境的破坏,所以蔬菜、水果应尽可能保鲜。

7.维生素 D:提高肌体对钙、磷的吸收;促进生长和骨骼钙化。维生素 D 的来源主要不依赖食物,因为皮肤受日光照射后,皮下的 7-脱氢胆固醇可变成维生素 D,经常照射日光所形成的维生素 D 就能满足身体的需要。只有一些特殊情况的人才有必要补充维生素 D。含维生素 D 较多的食物有鱼肝油、肝、蛋黄等。

8.维生素 E:有效地阻止食物和消化道内不饱和脂肪酸被氧化,维持细胞膜的完整性;是一种极好的自由基,能提高肌体免疫力,并预防心血管病。维生素 E 在食物中分布较广,麦胚芽油和玉米油中的维生素 E 含量较多。

(五)膳食纤维

膳食纤维是指能增强人体小肠消化吸收,在人体大肠能部分或全部发酵的可食用的植物性成分、碳水化合物及其相类似物质的总和,包括多糖、寡糖、木质素以及相关的植物物质。膳食纤维具有改善肠道功能,调节脂类、糖类代谢,调节酸碱体质,帮助控制体重等作用。

(六)矿物质

矿物质(又称无机盐),人体重量中 96% 是有机物和水分,4% 为无机元素组成。人体内约有 50 多种矿物质,在这些无机元素中,已发现有 20 种左右的元素是构成人体组织、维持生理功能、生化代谢所必需的。人体必需的矿物质有钙、磷、钾、钠、氯等需要量较多的宏量元素,铁、锌、铜、锰、钴、钼、硒、碘、铬等需要量少的微量元素。人体在物质代谢中每天有一定的矿物质从各种途径排出体外,因而必须从食物中得到补充。矿物质在食物中分布很广,一般都能满足机体的需要,其中较易缺乏的是钙和铁。

1.钙

钙是构成骨骼和牙齿的主要成分,可维持肌肉的正常兴奋性,帮助血液凝固。缺钙时肌肉容易痉挛。

从食物中补钙以乳类及乳制品为好,因其含钙量大,吸收率高,如 100 毫升牛奶中钙含量达 100 毫克。另外,水产品中的虾皮、海带含钙量也较高。干果、豆类及其豆制品、绿叶蔬菜中含钙也不低,都是钙的来源。

2. 磷

磷与钙结合成磷酸钙构成骨和牙齿;参与形成酶;在物质代谢中有重要作用,形成三磷酸腺苷和磷酸肌酸,供给肌肉收缩的能量;形成血液中磷酸盐,维持酸碱平衡;与脂肪合成磷脂,是神经系统的重要物质。

磷在食物中分布较广,正常膳食中不会缺乏。乳类、蛋、肉、豆类和绿色蔬菜中含磷较多。

3. 氯化钠

钠有维持机体水平衡、渗透压和酸碱平衡的作用;钠可以增加神经肌肉的兴奋性,缺乏时肌肉软弱无力,容易疲劳。氯是合成胃酸的主要成分,对消化有重要作用。此外,氯化钠有调味作用,可增加食欲。其主要来源是食盐。

4. 钾

钾可以调节细胞内外的水平衡;促进糖元合成;参与能量代谢;促进肌凝蛋白质的合成;维持神经肌肉的应激性,缺乏时神经传导减弱,反应迟钝。

钾普遍存在于各种食物中,水果蔬菜的含量较多,水果中钾的吸收率较高,易被机体吸收。

5. 铁

铁的主要功能是构成血红蛋白,缺乏则易发生贫血。缺铁性贫血是最常见的。

含铁较多的食物有:动物肝脏、瘦肉、豆类、绿色蔬菜和粮食的外皮部分。动物性食物中铁的吸收率较高。

(七)水

水是地球上最常见的物质之一,是包括人类在内所有生命生存的重要资源,也是生物体最重要的组成部分。水是一切生命所必需的物质,是饮食中的基本成分,在生命活动中有重要生理功能,是人体构造的重要成分。水占成人体重的 60% 左右,是营养物质的溶剂和运输的载体,起到运输、代谢、调节体温和润滑组织等作用。

正常情况下,体内水分的出入量是平衡的,一般成年人每日需水 2000～4000ml。出汗较多时,需水量增加,能量消耗与需水量成正比,多消耗 1 千卡热能,需增加水 1000 毫升。

二、不同健身诉求的营养配比

健美操运动是一项有氧运动,主要消耗体内热量,只要不偏食,正常饮食,就可以满足日常生活和锻炼所需要的营养物质。一个经常参加运动的大学女生每日大约需要能量 2000 卡,而一个经常参加运动的大学男生每天大约需要 2800 卡能量。但对于有特殊健身诉求的练习者而言,讲究营养、科学的饮食就非常重要了。只有营养、个体差异和运动方式的完美结合才能达到最佳的锻炼效果,其中膳食结构对整个效果的影响占到70%。

(一)减脂类

人体能量的主要来源是脂肪、蛋白质和糖类。有减脂诉求的练习者以减少身体脂肪比例为主要目的,因此在营养搭配中,要控制总能量的摄入。在正常能量需求水平基础上,视锻炼效果减少800～1200卡能量。

1.营养配比

尽管三大营养素在代谢过程中可以相互转化,但是彼此不能完全代替。因此在控制能量的总摄入量的同时,在能量的摄入中,三大营养素缺一不可,其中糖类所占比例可达60%～70%,脂肪占20%,蛋白质占10%左右。

2.注意事项

(1)在以糖类为主的能量摄入过程中,应注意不要在单位时间内摄入过多糖类,否则多余的糖类会转化成脂肪储存起来,应做到少食多餐。

(2)由于晚间人体新陈代谢缓慢,需要减少晚餐的能量摄入,因此晚餐能量只能占每日总能量的20%左右,饭后避免久坐或久卧。

(3)保证摄入足够的糖类,避免产生低血糖症状,影响中枢神经能力。另外,糖类的减少会使人体缺乏饱腹感,产生精神疲劳,影响锻炼的能力,从而加大了减脂失败的风险。

(4)在膳食选择上,要选择富含纤维素的糖类来源,如燕麦、番薯、糙米等。适当加入蛋白质的摄入,加入蔬菜可减少饥饿感。如果在减脂过程中出现乏力、体虚或畏冷的情况,说明能量摄入过少,需要适量增加能量摄入。

3.饮食处方案例

表 2-2-4　减脂类训练饮食处方

就餐时间	食物类别	食物量
7:00	燕麦粥,脱脂牛奶,水果	麦片100g,苹果100g,牛奶350ml
10:00	蛋糕	蛋糕50g
13:00	金枪鱼三明治,蒸蛋	面包100g,金枪鱼50g,蔬菜25g,鸡蛋1个
16:00(训练前)	蛋白粉饮料	乳清蛋白粉30g
19:00(训练后)	烤鸡肉土豆,蔬菜色拉	鸡肉100g,土豆50g,蔬菜150g
22:00	蛋白粉饮料	乳清蛋白粉30g

(引自冯立、陆大江:《体育职业营养概论》)

（二）塑体类

塑体类的健身诉求是指练习者有一定肌肉量的要求，但对肌肉含量不要求过多，脂肪比例被控制在标准范围的下半区。对于此类诉求，锻炼时可采用中等偏上强度的有氧耐力性训练方法，在营养搭配中，需要能量负平衡。

1. 营养配比

由于会出现能量负平衡，所以在总能量中糖类的比例占50%～60%，脂肪占20%，蛋白质占20%。

2. 注意事项

（1）在饮食中保证正常比例的脂肪的摄入，缺乏脂肪摄入会导致免疫力下降、内分泌失调、激素水平下降、皮肤干燥、胃下垂等多种健康问题。

（2）机体脂肪与蛋白质的含量决定塑体训练的效果，因此，蛋白质的补充也是必需的。

（3）在膳食的选择上可选择纤维素高的食物，增加饱腹感，同时选择摄入优质蛋白质（如鸡蛋、牛奶、牛肉等），这样既补充了蛋白质，又避免了多余脂肪的摄入。

3. 饮食处方案例

表 2-2-5　塑体类训练饮食处方

就餐时间	食物类别	食物量
7:00	鸡蛋燕麦粥，脱脂牛奶，水果	麦片100g，鸡蛋1个，苹果100g，牛奶350ml
10:00	苹果	苹果100g
13:00	烟熏三文鱼配面，水果色拉	通心粉50g，三文鱼100g，苹果50g，蜜瓜50g
16:00（训练前）	蛋白粉饮料	乳清蛋白粉30g
19:00（训练后）	裸麦面包，鸡排，蔬菜色拉	面包100g，鸡肉100g，蔬菜150g
22:00	蛋白粉饮料	乳清蛋白粉30g

（引自冯立、陆大江：《体育职业营养概论》）

三、营养的摄取

（一）合理的膳食

所谓合理膳食是指为满足人类生活和人体对各种营养的需要，由多种食物构成，不但能向人们提供足够热能和各种营养素，而且各种营养素在比例上保持平衡，以使人体对各种营养素充分吸收和利用，获得营养平衡。

1. 健康的饮食安排

培养正确地饮食习惯对保持身体的健康非常重要，每餐的间隔时间、每餐的膳食量都应与我们日常作息习惯、生理变化规律相适应,这样才能促进人体健康,保证食物的充分消化、吸收和利用。没有好的饮食习惯,轻则影响食欲,重则造成消化系统功能紊乱,引起各种健康问题,影响学习和生活。

健康地饮食安排,一般每餐间隔4~5个小时,每日进食4餐或3餐为宜,我国大部分地区人民都习惯每日3餐,间隔时间5~6小时,这样的安排同样比较合理。另外,每日食物的分配应与我们日常作息时间相适应,中国民间流传"早餐吃得好,中餐吃得饱,晚餐吃得少",正是浅显地说明了这个道理。

(1)早餐 每天上午3~4小时的学习生活,要求我们早餐摄入量占到全天总摄入量的30%,以蛋白质、脂肪食物为主,辅以适量维生素。西式早餐以牛奶、面包为主,辅以煎鸡蛋、新鲜水果或鲜果汁,含较高的热能营养素和维生素,值得我们借鉴。

(2)午餐 占全天总摄入量的40%,三大营养素的供给都应增加,因为午餐不仅要补偿上午的部分能量消耗,还要为下午的学习生活储备大量能量,午餐的膳食量应该是一天中最大的。

(3)晚餐 占全天总摄入量30%,晚餐后的热能消耗减少,代谢减慢,因此减少蛋白质、脂肪的摄入量,加重糖类(如谷类、蔬菜)等易消化的食物的摄入比例是比较合适的。否则较难消化的蛋白质和脂肪容易积累为多余的能量,导致肥胖,并影响睡眠。

2.中国普通成人膳食指南

《中国居民膳食指南(2007)》是根据我国居民膳食消费和营养状况,依据营养学原理制定的,可以帮助我们合理选择食物,通过合理膳食,改善营养和健康状况,减少或预防慢性疾病的发生,提高身体健康素质。

一般人群的膳食指南:①食物多样,谷类为主,粗细搭配。②多吃蔬菜水果和薯类。③每天吃豆类、奶类或豆、奶制品。④常吃适量的鱼、禽、蛋和瘦肉。⑤减少烹调用油量,吃清淡少盐膳食。⑥不食过量,天天运动,保持健康体重。⑦三餐分配要合理,零食要适当。⑧每天足量饮水,合理选择饮料。⑨如饮酒应限量。⑩吃新鲜卫生的食物。

(二)合理的烹饪加工

食物的营养价值受储存、加工和烹饪的影响。烹调的目的之一是提升食物的色、香、味,增加菜肴的观感,刺激我们的食欲;另外一个目的是尽量保留食物中的营养成分,经过加工促进人体对营养的消化、吸收。

1.各种烹饪方式对营养的影响

(1)煮

对糖类及蛋白质起到部分水解作用,对脂肪无显著影响,但会使水溶性维生素(维生素B、维生素C)及矿物质(钙、磷)溶于水中,对消化吸收有帮助。

(2)蒸

是众多烹饪方法中对食物营养影响最小的一种。

（3）炖

使水溶性维生素和矿物质溶于汤内，可增加鲜度，但若时间过长，维生素受到的破坏也比较严重。

（4）焖

焖的时间长，B 族维生素和维生素 C 损失较大，若时间短则 B 族维生素损失相对少些。焖的时间长短和营养素的损失多少成正比，不过焖可以使食物消化率提高，其他成分溶出增多，相对食物自身而言，营养价值提高了。

（5）卤

可使维生素和矿物质部分会溶于卤汁中，脂肪和蛋白质也会损失一部分。

（6）炸

是营养成分损失较大的一种，所有营养素都有不同程度的损失，蛋白质因高温而变性，脂肪会失去其功能。但如果在原料表面挂一层糊，则可减少许多营养素的损失。

（7）熘

同炸，也是营养成分损失较大的一种，但如在原料表面挂一层糊，则可减少许多营养素的损失。

（8）爆

由于往往食物外裹有蛋清或湿淀粉，形成保护膜，营养损失不大。

（9）炒

各种炒制方法不同营养损失也各不同，其中高温快炒的营养损失相对较小，慢火干炒的损失最大。如食材外层附有蛋清或湿淀粉（既保护膜），营养损失则较少。

（10）烤

对营养的破坏最大，不但使维生素 A、B 族维生素，维生素 C 受到相当大的破坏，而且也损失了部分脂肪。如果用明火烤，还可能产生致癌物质。

（11）熏

会使维生素尤其是维生素 C 遭到严重破坏，损失部分脂肪，同时也可能产生致癌物质。

（12）煎

对维生素及其他营养素无严重影响。

合理地烹饪加工对食物营养的保留影响非常大，所以在烹调食物时，应把色、香、味与营养素的保留相互兼顾，以便更好地发挥食物的营养，使菜肴达到最佳的完美状态。

2.科学烹饪的常用方法

（1）合理清洗，食材清洗时应注重保持卫生与营养的平衡；

（2）科学切割、配菜，食材的切割应根据原料的种类和性质决定料形的大小和形态，在配菜时应注意避免各成分之间不利的化学反应，利用有利的化学反应；

（3）沸水烫料，对涩味很强的蔬菜可采取焯水的方法，但要用沸水短时焯；

（4）上浆挂糊，可使食材间接受热，保护食材营养成分，防止营养素的流失；

（5）适当加醋，提高菜肴营养价值，可调味、去腥、解腻、增香、杀菌、防腐、增进菜肴质感等；

（6）勾芡保护，防止营养成分受损和风味物质的流失；

（7）旺火急炒，减少营养物质的损失。

第三节　健美操的基本元素

成套健美操是由音乐、难度、操化单元、过渡连接和托举与动力性配合等多个健美操基本元素组合而成的，了解和掌握好健美操基本元素可以为健美操学习打下良好的基础。

健美操基本动作主要由上肢动作、下肢动作和躯干动作组成。健美操基本动作是健美操运动的基础，是健美操的基本元素，所有健美操的动作都以此为核心加以扩展，所有的组合都是在基本动作的基础上发展和变化起来的。

一、健美操基本手型

锻炼者在有氧健身时，并不十分强调手型，主要把注意力放在大肌肉群上。当表演或竞技健美操比赛时，对健美操的难美度要求提高，上肢多样加上手型的变化，既能使动作变化多样，又能提高动作的复杂性和难度，从而提高健美操的艺术欣赏价值。这里我们列举了健美操常用的手型以供参考。

1.并掌：五指并拢伸直，指关节不能屈曲。（图2-3-1）

2.开掌：五指用力分开伸展。（图2-3-2）

3.花掌：又叫西班牙手型。分掌的基础上，从小指依次内旋，形成一个扇面。（图2-3-3）

图 2-3-1　　　　　　图 2-3-2　　　　　　图 2-3-3

4.立掌：手指用力上屈，五指指关节自然弯曲。（图2-3-4）

5.一指剑：拇指与中指、无名指、小指相叠，食指伸直。（图2-3-5）

6.剑指：拇指与无名指、小指相叠，中指与食指并拢伸直。（图2-3-6）

图 2-3-4 图 2-3-5 图 2-3-6

7.响指:无名指、小指屈,拇指与中指用力摩擦打响。(图 2-3-7)

8.舞蹈手型:引用拉丁、西班牙、芭蕾等手型。(图 2-3-8)

9.拳:四长指握拳,拇指第一关节扣在食指与中指的第二关节处。(图 2-3-9)

图 2-3-7 图 2-3-8 图 2-3-9

二、健美操常用上肢动作

1.举(rise):臂伸直向某方向抬起。(图 2-3-10)

2.屈臂(bicep curl):前臂与上臂角度小于或等于 90°,有胸前平屈、胸前屈、肩侧上屈、肩侧下屈等。(图 2-3-11)

3.摆动(swing):以肩关节为轴,手臂在 180°以内的上下或前后运动称之为摆动。可直臂或屈臂、依次或同时进行。(图 2-3-12)

图 2-3-10 图 2-3-11 图 2-3-12

5.上提与下拉(upright row and putdown):手臂直或屈由下至上提起;手臂由上至下拉。(图 2-3-13)

6.冲拳(punch):屈臂握拳,由腰间猛力向前冲拳,可双手或单手。(图 2-3-14)

7.推(chest press):立掌,手臂由胸前或肩侧向前或向上推。(图 2-3-15)

图 2-3-13   图 2-3-14   图 2-3-15

8.绕和绕环(scoop circle):以肩关节为轴,手臂在 180°至 360°之间的运动为绕;大于 360°以上的圆周为绕环。(图 2-3-16)

9.交叉(cross):两臂重叠至 X 形。(图 2-3-17)

图 2-3-16   图 2-3-17

在进行上述动作时,应注意肌肉的用力阶段,使动作富有弹性,避免上肢动作过分僵硬;同时在做动作过程中注意关节的伸展性和到点制动的能力,使动作更具力度感和美感,凸显健美操的特点——健、力、美。

三、健美操常用下肢动作

(一)健身健美操基本步伐

健身性健美操的基本步法根据人体对地面的冲击力大小分为无冲击力步伐(no-impact)、低冲击力步伐(low-impact)、高冲击力步伐(high-impact)。

1.无冲击力步法(no-impact)

无冲击力步法是指两脚始终接触地面的动作,身体重心在两脚之间没有腾空动作,运动强度相对较低。一般在练习前的准备部分和结束部分使用。如:弹动、半蹲、弓步。

◆弹动(Spring):两腿并拢,膝关节有弹性的屈伸。(图 2-3-18)

◆半蹲(Squat):两腿有控制的屈和伸。可分为并腿和分腿半蹲。(图 2-3-19)

◆弓步(Lunge):一腿向前(侧、后)迈步屈膝,另一腿伸直。(图 2-3-20)

图 2-3-18   图 2-3-19   图 2-3-20

2.低冲击力步法(low-impact)

低冲击力步法是指在做动作时始终有一只脚接触地面,根据它的完成形式分为以下四类:

(1)踏步类(march):踏步类动作为两脚交替落地的动作。如:踏步、V 字步、曼波步。

◆踏步(march)(图 2-3-21)

一般描述:两腿依次抬起,依次落地。

技术要点:下落时膝、踝、髋关节依次有弹性的缓冲,保持腰腹部肌肉收紧。

动作变化:踏步转体、踏步并腿和分腿。

图 2-3-21

◆V 字步(Vstep)(图 2-3-22)

一般描述:4 拍完成动作。两脚依次向各自斜前方迈出一步,屈膝缓冲,然后依次退回原地,运动轨迹成"V"字形。

技术要点:两脚之间的距离略比肩宽,身体重心在两腿之间。

动作变化:向前、向后、转体、跳的"V"字步。

图 2-3-22

◆曼波步(Mambo)(图 2-3-23)

一般描述:4 拍完成的动作。左脚向前迈出,屈膝缓冲,重心前移,右脚稍抬起;右脚落回原地;重心后移,左脚向后迈步,右脚稍抬起;右脚落回原地。

技术要点:两脚保持交替落地,身体重心随动作前后移动,但始终在两脚之间。

动作变化:转体的曼波步,跳的曼波步。

图 2-3-23

(2)迈步类(step touch):指一脚先迈出一步,同时重心跟随,另一腿做点、抬、并等动作。如:并步、交叉步、迈步侧踢腿。

◆并步(step touch)(图 2-3-24)

一般描述:2 拍完成动作。一脚迈出,另一脚随之并拢屈膝点地。

技术要点:两膝保持弹动,腰腹部保持稳定。

动作变化:左右、前后、两侧、转体并步。

图 2-3-24

◆交叉步（crapevine）（图 2-3-25）

一般描述：4 拍完成动作。左脚向侧迈出一步，右脚在其后交叉，随之左脚再向侧一步，右脚并左脚。

技术要点：落脚同时屈膝缓冲，身体重心保持平稳过渡。

动作变化：转体的、加小跳的、加后屈的交叉步。

图 2-3-25

◆迈步侧踢腿（side kick）（图 2-3-26）

一般描述：2 拍完成动作。右脚迈出一步，左脚向左侧踢出。

技术要点：直腿踢出，脚面向上，保持重心的平稳过渡。

动作变化：左、右方向、转体迈步侧踢腿。

（3）点地类（tap）：一脚稍屈膝站立，一腿向前、侧、后点地，还原。如：侧点地、后点地。

◆侧点地（side tap）（图 2-3-27）

一般描述：2 拍完成动作。一腿稍屈膝站立，另一条腿脚尖向侧点地，然后还原。

技术要点：重心始终在支撑腿上，同时保持弹动。

动作变化：加后屈的、转体侧点地。

图 2-3-26   图 2-3-27

◆后点地(tap back)(图 2-3-28)

一般描述:2 拍完成动作。腿稍屈膝站立,另一条腿脚尖向后点地,然后还原。

技术要点:重心始终在支撑腿上,同时保持弹动。

动作变化:加后屈的、转体后点地。

(4)抬起类(lift step):一脚支撑地面,另一腿以直腿或屈腿形式向上抬起。如:吸腿、踢腿、摆腿。

◆吸腿(knee lift)(图 2-3-29)

一般描述:2 拍完成动作。一腿屈膝上抬,另一腿微屈缓冲。

技术要点:大腿上提,小腿自然下垂,后背挺直,保持主力腿屈膝缓冲。

动作变化:原地、迈步、移动、转体吸腿。

图 2-3-28   图 2-3-29

◆踢腿(kick)(图 2-3-30)

一般描述:2 拍完成动作。一腿站立,另一腿加速上摆。

技术要点:主力腿轻微屈膝缓冲,脚后跟不要离地,上体尽量保持直立。

动作变化:原地、移动、跳起、向前、向侧踢腿。

◆摆腿(leg life)(图 2-3-31)

一般描述:2 拍完成动作。一腿站立,另一腿自然摆踢,然后还原并腿。

技术要点:主力腿屈膝缓冲,保持上体直立。

动作变化：向前、侧摆腿，踢腿跳。

图 2-3-30   图 2-3-31

3.高冲击力步法(high-impact)

高冲击力步法是指有一瞬间双脚同时离开地面的动作，有腾空的动作。此步法的运动强度是最大的。高冲击步法也可以分为以下四类：

(1)迈步起跳类(hop)：一脚迈出，重心移动，跳起单脚或双脚落地。如：并步跳、迈步吸腿跳。

◆并步跳(step jump)(图 2-3-32)

一般描述：2拍完成动作。一脚迈出同时蹬地起跳，另一脚主动并腿，两脚同时落地。

技术要点：单脚起跳，双脚落地，空中保持肌肉紧张，落地屈膝缓冲。

动作变化：前、后、斜前等方向的并步跳。

◆迈步吸腿跳(step knee)(图 2-3-33)

一般描述：2拍完成动作。一脚迈出一步同时蹬地起跳，另一腿吸起，单脚落地。

技术要点：单脚起，单脚落地，主力腿屈膝缓冲。

动作变化：斜前、转体等方向的吸腿跳。

图 2-3-32   图 2-3-33

(2)双脚起跳类(jumping)：双脚同时起跳落地。如：弓步跳、开合跳、并腿纵跳。

◆弓步跳(lunge jump)(图 2-3-34)

一般描述：单拍完成动作。两腿并拢起跳，落地成一前一后的弓步或半侧面的弓步。

技术要点：双脚起跳，双脚落地，落地时成弓步，主要靠前腿屈膝缓冲。

动作变化:前、侧方向的弓步跳、转体的弓步跳。

图 2-3-34   图 2-3-35

◆开合跳(jumping jack)(图 2-3-35)

一般描述:2 拍完成动作。由并腿跳成左右分腿落地,然后再分腿跳起并腿落地。

技术要点:分腿时,两脚自然外开,膝关节同脚尖方向一致,落地时屈膝缓冲。

动作变化:原地开合跳、转体的开合跳。

◆并腿纵跳(jump)(图 2-3-36)

一般描述:两腿并拢,稍屈曲起跳,腾空时两腿伸直,并腿落地。

技术要点:落地屈膝缓冲,控制保持肌肉的适度紧张。

动作变化:原地和转体的并腿纵跳。

图 2-3-36

(3)单脚起跳类(leap):指动作过程中先抬、屈、摆起一条腿,另一条腿起跳的动作。如:钟摆跳、弹踢腿跳。

◆钟摆跳(swing)(图 2-3-37)

一般描述:单拍完成动作。一腿起跳同时另一腿直腿向侧摆起,下落时支撑腿摆起,摆动腿着地,两腿像钟摆一样来回摆动。

技术要点:摆动时以髋关节为轴,保持腿部和腰腹部肌肉的紧张。

动作变化：原地、移动和转体的钟摆跳。

◆弹踢腿跳（flick jump）（图 2-3-38）

图 2-3-37   图 2-3-38

一般描述：2 拍完成动作。一腿依次做后屈、伸直前（侧）踢动作，另一腿原地跳动两次；然后交换退，做反方向动作。

技术要点：弹踢动作以大腿肌肉先发力，再小腿弹直，膝关节不要强直。

动作变化：原地、移动和转体的弹踢腿跳，向前、向后、向侧的弹踢腿跳。

（4）后踢腿跑类（jogging）：两腿依次蹬离地面，交替跳起。如：后踢腿跑、小马跳。

◆后踢腿跑（jogging）（图 2-3-39）

一般描述：两腿同时起跳离地，一脚落地，另一腿小腿后屈，然后依次交替进行。

技术要点：落地保持屈膝缓冲，空中保持身体姿态。

动作变化：原地、移动和转体的后踢腿跑。

◆小马跳（pony）（图 2-3-40）

一般描述：2 拍完成动作。左腿蹬地起跳，向侧跳一步，至右脚落地，左腿屈膝前脚掌点地，连续 2 次，然后左右腿交换小跳。

技术要点：单脚起跳，依次落地。

动作变化：原地、前后、左右、转体的小马跳。

图 2-3-39   图 2-3-40

（二）竞技健美操基本步伐

下面介绍七种竞技健美操基本步法。

1.踏步

腿屈于体前,髋与膝保持弹动;膝、踝关节保持放松,落地时脚尖圆滑地过渡到脚跟;上体表现出腰腹的控制力量保持自然的直立;整个过程感觉向上不下坠。

变化:包括角度、高度与方向的变化。如V字步、转体等。

2.后踢腿跑

上体保持正直,单腿屈膝向后。摆动腿的小腿最大幅度的向臀部屈曲;髋和膝在一条线上,脚面绷直表现出控制,落地缓冲时脚尖滚动至脚跟着地。

变化:包括各种角度和方向的动作变形。

3.吸腿跳

上体保持正直吸腿,摆动腿髋与膝最大程度的弯曲,关节角度不小于90°,达到最高点时小腿垂直地面,脚尖绷直。

变化:包括各个空间、角度、高或低强度的动作变形。

4.踢腿跳

屈髋做直腿高踢的动作,踢起腿在髋部前或侧运动,踢起腿的高度不低于肩,支撑腿伸直,动作过程中上体自然直立,脚面绷直。

变化:包括各个平面、高度、高或低强度与方向的动作变形。如中踢、高踢和垂直踢。

5.开合跳

两腿起跳落地成开立,两腿分开的距离大于肩宽,两脚尖向外分开,膝关节在脚尖方向上弯曲。并腿时,足跟并拢,脚尖向前或外开。整个过程上体保持自然直立,起跳动作控制有力,脚尖过渡至脚跟缓冲。

变化:包括各个角度的膝关节高或低强度的动作变形。

6.弓步跳

脚步由并拢或分开开始,起跳落地,一腿向后蹬直,一腿弯曲,前后成一直线,低强度动作时身体微前倾,颈与足跟成一直线;高强度时双腿前后交替跳动,重心在两脚之间。

变化:包括各个空间、角度、高或低强度的动作变形。如向前、向侧弓步跳。

7.弹踢腿跳

起始动作为髋部伸展的后踢腿跑,小腿后屈向前下方踢腿。摆动腿表现出制动动作,整个动作表现出很好的控制。

变化:包括各个空间、角度、方向、高或低强度的动作变形。如向前、向侧的弹踢腿跳。

四、健美操躯干动作

在健美操练习中,躯干部位通常起到稳定身体的作用,因此肌肉力量的平衡尤为重要。发展躯干肌肉的方法有很多,可徒手、使用轻器械或固定器械。下面只介绍基本动作和练习方法。

(一)头颈部

1.屈:头颈关节角度的弯曲,包括前屈、后屈、左屈、右屈。

2.转:头颈部绕身体垂直轴的转动,包括左转、右转。

3.绕和绕环:头以颈部为轴心的弧形运动,包括左绕、右绕、左绕环、右绕环。

(二)胸部

1.含展胸:胸部的内收与外展动作,通常与臂的动作结合进行。(图2-3-41)

2.左右移胸:两臂侧平举,胸部左右水平移动。(图2-3-42)

图 2-3-41　　　　　　　　　　　　　　　　图 2-3-42

(三)肩部

1.提肩:肩胛骨做向上的运动。

2.沉肩:肩胛骨做向下的运动。

3.绕肩:以肩关节为轴做小于360°的运动,有向前和向后的绕肩。

4.肩绕环:以肩关节为轴做360°的圆形动作,有向前和向后的绕环。

(四)背部

背部肌肉主要有背阔肌、斜方肌、菱形肌和大圆小圆肌,当其收缩时,可使关节外展、下沉,使臂伸和在垂直方向内收。

1.外展:屈臂或直臂做外展动作,通常与臂的内收结合进行。(图2-3-43)

2.上举下拉:两臂由侧上举下拉至肩侧或腰侧。(图2-3-44)

图 2-3-43   图 2-3-44

（五）腰腹部

1.腰屈：髋部不动，上体前屈或后屈。（图 2-3-45）

2.屈髋：上肢不动，髋向前后或侧屈。（图 2-3-46）

3.转腰：下肢不动，上体沿垂直轴的扭转。

图 2-3-45   图 2-3-46

第四节　健美操与形体美

一、形体训练

　　形体训练是以人体科学理论为基础，通过徒手或利用各种器械等手段来改善人体的原始状态，提高人体良好形态的控制能力和表现能力的基本素质训练。它是以身体练习为基本手段，匀称和谐地发展人体，塑造良好体型，培养正确优美的姿态和动作，增强体质,促进人体形态更加完美的一种体育运动。

形体训练集健身、健美、健心为一体,其本质是"内化"道德情操,"外化"行为气质。健美操形体训练的目的是获得健美体形、优雅姿态而进行的身体练习。

二、形体训练在健美操锻炼中的重要性

1.形体训练融入健美操锻炼,提高练习者锻炼积极性

一般人初次接触健美操时往往很难准确地表达身体的美感。由于健美操并不是短短几天就能领悟到它的内在美并加以表现的,所以练习者往往会因学习效果不明显,如动作笨拙不协调而急躁,产生厌倦情绪甚至放弃。针对练习者的动作不协调等情况,适当增加形体训练内容,用简单的基本动作,配合优美的音乐伴奏下进行练习,使练习者比较容易掌握且不容易感到疲劳,并产生一种愉快的感觉,从而达到学习的最佳状态,提高学习的积极性。

2.形体训练改善身体形态,增加整体美感

形体训练自始至终要求练习者保持良好的姿态,对头、颈、胸、腰、胯、臀、膝、臂、手、足等均有细腻的要求,以帮助练习者纠正肩、胸、腿等的不良姿态,使身体端正、挺拔,以健美的形体、优雅的姿态体现最佳的动作效果。以柔韧素质为例,柔韧性是提高姿态美和动作美的关键,又是增加动作幅度与优美度的基础。形体训练中压肩、拉肩,下桥,体前、侧、后屈,压腿、踢、控腿等练习能提高人体的柔韧性。长期的柔韧性练习能够改善和提高关节的灵活性,增强关节的弹性和伸展能力,从而加大动作的幅度、提高稳定性,增加身体的弹动能力;柔韧性练习还有利于肌肉协调能力的改善,从而提高身体的协调性,加强肌肉的行为能力。具有良好柔韧性、协调性的健美操练习者能够潇洒自如地把每个动作发挥到最大极限,使得动作姿态更规范优美;而且良好的柔韧性使得表演者动作幅度加大,能更加充分合理地利用舞台,扩大了表演的空间,给人以美的享受。

3.形体训练可培养练习者高雅气质,突出健美操艺术性

形体训练是塑造外美内秀良好气质、提高形体美的手段之一。气质是一个人外在美和内在美的综合表现,气质反映了一个人的精神面貌。外在美具有先天性,内在美则通过后天不断练习而逐步形成。形体训练在外形上培养练习者优美姿态,在潜移默化中进行个性的熏陶,逐渐形成优雅气质。在健美操学习表演中通过提高气质来表现美,能使健美操的艺术性、表现力更加突出。

4.形体训练增强艺术修养,促进健美操的掌握

健美操艺术化是健美操的发展趋势之一,其中音乐和舞蹈修养是其艺术化的具体表现。音乐是健美操的灵魂,舞蹈是练习健美操的重要辅助手段。音乐和舞蹈是形体训练的重要内容,在形体训练过程中人们感知音乐、舞蹈的能力逐步提高。音乐是心灵语言的艺术,它作用于人的听觉,使听者产生一定的联想和想象,从而感染人的情绪积极运

动。一旦练习者的情绪融入音乐的意境,人体就会不由自主地随之活动,而且这种活动的幅度和力度较无音乐状态下的活动要大得多,有力得多。舞蹈是动态的表情或表现艺术,它用规范化了的有组织有节奏的动作来表现人的思想感情艺术。通过舞蹈训练,不仅可以发展健美操练习者身体的协调性、柔韧性、灵活性,培养良好的身体姿态,而且还能提高表现力、创造力、鉴赏力,陶冶情操,对促进练习者全面发展有着重要作用。

三、形体训练的内容

(一)基础手位练习(图 2-4-1 至 2-4-7)

基本的芭蕾手位,由七个手臂姿势的变化组成。

一位	二位	三位	四位
图 2-4-1	图 2-4-2	图 2-4-3	图 2-4-4

一位:两臂腹前呈圆弧形,掌心向内,指尖相对,两手间距一拳的距离。

二位:两臂从一位起向上举至于胸前,手臂保持弧形,掌心向内,指尖相对。

三位:两臂保持二位姿势,向上举至头前上方。

四位:右臂经前至二位,左臂保持三位不变。

五位	六位	七位
图 2-4-5	图 2-4-6	图 2-4-7

五位:左臂保持三位,右臂经二位手向侧打开至侧平举。

六位:左臂经三位下落到二位,右臂保持五位。

七位:两臂成弧形侧举,掌心向前。

(二)基础脚位练习(图 2-4-8 至 2-4-12)

芭蕾的五个基本脚位:

一位	二位	三位	四位	五位
图 2-4-8	图 2-4-9	图 2-4-10	图 2-4-11	图 2-4-12

一位:两脚跟并拢,脚尖分别向外打开90°,呈一字。

二位:一位的基础上,一脚向侧一步,两脚相距一脚距离。

三位:两脚外开,一脚收于另一脚内侧的脚窝位置。

四位:保持三位脚姿势,前脚向前一步,前脚尖与后脚跟平行,两脚间距一脚距离。

五位:两脚前后重叠,平行相靠,一脚脚尖靠住另一脚脚跟。

(三)基本把杆练习

把杆练习是形体训练的基础,主要练习身体形态的控制能力,增强腰、腿的力量和柔韧性,逐步矫正不良的身体姿态,形成正确地体态。

1.柔韧性练习,包括压、拉、摆、甩、踢、扳。通过这些练习,有效地提高柔韧性素质,增加动作的幅度和关节的活动范围。

2.利用把杆进行下蹲、小踢腿、屈伸、控制等腿部感觉练习及腿部控制能力的练习,以提高腿部在各种状态下的控制能力。

3.采取提踵、压足跟、蹲立、屈伸等方法和手段,加强小腿三头肌及股四头肌力量,以改善腿部的形态,使腿部线条清晰、流畅,充分展示形体美。

4.充分利用把杆,进行各种姿态如挺胸、含胸、躯干波浪等练习,以提高身体各部位的感知觉能力。

基本把杆练习方式:

(1)提踵练习(图 2-4-13 至 2-4-14)

图 2-4-13　　　　　　　　　　图 2-4-14

预备姿势:面向把杆双手扶把,两腿并立站立。

技术要领:两脚并立站立,脚尖着地,向上充分提踵,脚跟落地反弹快速。脚腕用力,立踵控制。

节　拍		下肢步伐	上肢动作
一	1—4	双脚成一位,完成一次提踵与落踵	双手扶把干
	5—8	同 1—4	同 1—4

(二)—(四)同(一)

(2)擦地练习

图 2-4-15　　　　　　图 2-4-16　　　　　　图 2-4-17

预备姿势:右手扶把,左手经二位打开到七位,脚成一位或五位站位。(图 2-4-15 至 2-4-17)

技术要领:身体重心稳定,擦地始终由脚尖带动。

A 前擦地(图 2-4-18)

图 2-4-18

节	拍	下肢步伐	上肢动作
一	1—2	左脚绷脚尖、立脚趾向前擦出,脚尖点地,擦地的脚尖与主力腿脚跟成一条直线	右手扶把,左手成七位
	3—4	左脚以脚跟带动脚掌收回成一位	同 1—2
	5—8	同 1—4	同 1—4

(二)—(四)同(一)

(五)—(八)同(一)—(四),换腿做。

B 侧擦地(图 2-4-19)

图 2-4-19

节	拍	下肢步伐	上肢动作
一	1—2	左脚绷脚尖向侧擦出,膝盖、脚面朝上外开	右手扶把,左手成七位
	3—4	左脚以脚跟带动脚掌收回成一位	同 1—2
	5—8	同 1—4	同 1—4

（二）－（四）同（一）

（五）－（八）同（一）－（四），换腿做。

C 后擦地（图 2-4-20）

图 2-4-20

节　拍		下肢步伐	上肢动作
一	1—2	左脚向后绷脚擦出，由脚尖外侧带动，脚跟前顶	右手扶把，左手成七位
	3—4	左脚以脚跟带动脚掌收回成一位	同 1—2
	5—8	同 1—4	同 1—4

（二）－（四）同（一）

（五）－（八）同（一）－（四），换腿做。

（3）蹲的练习

预备姿势：侧向把杆站立，右手扶把，左手成一位，经二位打开至七位，一位脚站立。

技术要领：下蹲时上体保持正直，收腹、立腰，膝关节向外展开。

A 一位蹲（图 2-4-21 至 2-4-25）

图 2-4-21

图 2-4-22

节	拍	下肢步伐	上肢动作
一	1—4	一位脚,屈膝缓慢下蹲至大腿与地面成45°角	右手扶把,左手成七位
	5—8	还原成直立	同1—2

（二）同（一）

图 2-4-23

节	拍	下肢步伐	上肢动作
三	1—4	屈膝缓慢下蹲	右手扶把,左手成二位
	5—8	当蹲到最大限度时,提踵继续下蹲	右手扶把,左手二位
四	1—8	缓慢伸直双腿,上体直立	右手扶把,左手打开成七位

（五）—（八）同（一）—（四）

B 二位蹲（图 2-4-26 至图 2-4-30）

图 2-4-26

节	拍	下肢步伐	上肢动作
一	1—4	双脚成二位,屈膝下蹲45°,身体保持直立	右手扶把,左手成七位
	5—8	缓慢伸直双腿,身体向上直立	同1—4

（二）同（一）

图 2-4-27

节拍		下肢步伐	上肢动作
三	1—4	蹲到 45°时双脚提踵	右手扶把,左手成二位
	5—8	继续下蹲	左手保持二位

图 2-4-28

节拍		下肢步伐	上肢动作
四	1—8	落脚跟后双腿缓慢伸直,上体直立	右手扶把,左手成三位

（五）—（八）同（一）—（四）

（4）小踢腿练习（图 2-4-31 至 2-4-33）

预备姿势:侧对把杆右手扶把,左手经二位打开到七位,五位脚站立。

技术要领:脚面带动小腿,直腿、绷脚、展髋、膝外旋,脚离地面 10 至 15 厘米,可进行前（图 2-4-31）、侧（图 2-4-32）、后（图 2-4-33）三个方向练习。

图 2-4-31   图 2-4-32   图 2-4-33

节 拍		下肢步伐	上肢动作
一	1	左脚经擦地绷脚尖踢出,瞬间制动	右手扶把,左手保持七位
	2	下落时,脚尖绷直着地,擦地收回	同1
	3—8	同1—2	同1

(二)—(四)同(一)

(五)—(八)同(一)—(四),换腿做。

(5)弹腿练习(图 2-4-34 至图 2-4-40)

预备姿势:同小踢腿。

技术要领:上体保持固定不动,两脚绷直,弹腿时,用小腿和脚尖的力量快速弹直,大腿保持不动,弹腿踢出后稍有制动,髋部及以上部位姿态不变,可做前(图 2-4-34,图 2-4-35,图 2-4-36)、侧(图 2-4-37,图 2-4-38)、后(图 2-4-39,图 2-4-40)三个方向练习。

图 2-4-34   图 2-4-35   图 2-4-36

图 2-4-37　　　　　图 2-4-38　　　　　图 2-4-39　　　　　图 2-4-40

节　拍		下肢步伐	上肢动作
一	1—2	左脚前方擦出,脚尖点地	右手扶把,左臂保持七位
	3	左脚收回,小腿在前方吸腿,脚尖外开吸放在主力腿小腿面上	同1—2
	4	左脚向前弹直	同1—2
	5	左脚快速收回	同1—2
	6	左脚向前弹出	同1—2
	7—8	还原	同1—2

（二）—（四）同（一）

（五）—（八）同（一）—（四）,换腿做。

（6）划圈练习

预备姿势:同小踢腿。

技术要领:上体保持抬头、挺胸、立腰、立背形态。主力腿固定不动,脚尖始终不离地面,以脚尖带动脚跟,划圈时,脚尖尽量远伸,划圈幅度大。（图2-4-41～图2-4-46）

图 2-4-41　　　　　　图 2-4-42　　　　　　图 2-4-43

节 拍		下肢步伐	上肢动作
一	1—2	右腿伸直,左脚向前擦地,脚尖点地	右手扶把,左臂保持七位
	3—4	左腿伸直,逆时针划 90°弧线	同 1—2
	5—6	左脚继续向后划圈,膝盖、脚尖成一直线,脚心向上,脚尖点地	同 1—2
	7—8	左脚收回后成一位,还原	同 1—2

(二)同(一)

图 2-4-44   图 2-4-45   图 2-4-46

节 拍		下肢步伐	上肢动作
三	1—2	右腿弯曲 45°,左脚向前擦地,脚尖点地	右手扶把,左臂保持七位
	3—4	右腿不变,左脚逆时针划弧 90°	同 1—2
	5—6	右腿保持弯曲,左脚继续向后划弧	同 1—2
	7—8	左脚收回,还原成一位	同 1—2

(四)同(三)

节 拍		下肢步伐	上肢动作
五	1—2	右腿弯曲,左脚向前擦地	右手扶把,左臂保持七位
	3—4	右腿不变,左脚加快速度逆时针划弧 180°	同 1—2
	5—6	右腿伸直,左脚脚尖点地	同 1—2
	7—8	左脚还原后成一位	同 1—2

(六)—(八)同(五)

(九)—(十六)同(一)—(八),换腿做。

(7)压腿练习(图 2-4-47 至图 2-4-50)

正压腿

预备姿势:面对把杆,双手扶把,左脚踝放在把杆上,身体离把杆一腿的距离。

技术要领:上体直立,动作的幅度大,两腿膝盖伸直,腹部靠近大腿(图 2-4-47)。

图 2-4-47

节 拍		下肢步伐	上肢动作
一	1—2	双腿膝盖伸直,左腿膝盖、脚尖成一线,脚背向上,右脚脚尖正对把杆	上体向前压,尽量用胸腹靠近大腿,双手扶脚或扶把杆
	3—4	同 1—2	上体直立还原,上臂还原至体侧
	5—8	同 1—4	同 1—4

(二)—(三)同(一)

节 拍		下肢步伐	上肢动作
四	1—6	双腿膝盖伸直,左腿膝盖、脚尖成一线,脚背向上,右脚脚尖正对把杆	上体向前下压至最大限度,双手扶脚或扶把杆
	7—8	准备换腿练习	上体直立还原,双臂还原至体侧

侧压腿

预备姿势:侧向把杆,左腿上杆,左手一位,右手三位。上体向左侧弯曲,左手触摸左脚脚尖。

技术要领:幅度由小至大,上体始终侧对把杆,膝盖伸直。(图 2-4-47)

图 2-4-48

节 拍		下肢步伐	上肢动作
一	1—2	双腿膝盖伸直,左腿膝盖、脚尖成一线,脚背向上,右脚平行于把杆	上体向左侧倒,右手尽量摸向左脚脚尖方向
	3—4	同1—2	上体直立还原,右手成三位
	5—8	同1—4	同1—4

(二)—(三)同(一)

节 拍		下肢步伐	上肢动作
四	1—6	双腿膝盖伸直,左腿膝盖、脚尖成一线,脚背向上,右脚脚尖正对把杆	上体侧倒下压至最大幅度,右手尽量抓住左脚
	7—8	准备换腿练习	上体直立还原,双臂还原至体侧

后压腿

预备姿势:侧向把杆,右手扶把,左臂上举成三位,左腿向后放在把杆上,脚背向下(图2-4-49至图2-4-50)。

技术要领:右腿缓慢下蹲,上体缓慢后压,左腿膝盖伸直。

图 2-4-49   图 2-4-50

节 拍		下肢步伐	上肢动作
一	1—2	右腿逐渐下蹲,左腿膝盖、脚尖成一线,脚心向上	上体稍后仰,左手成三位
	3—4	右腿缓慢伸直	上体直立还原
	5—8	同1—4	同1—4

(二)—(三)同(一)

节 拍		下肢步伐	上肢动作
四	1—6	右腿快速下蹲	抬头、下腰、上体后仰至最大幅度向后压腿,左手成三位
	7—8	准备换腿练习	上体直立还原,双臂还原至体侧

(五)—(八)同(一)—(四),换腿做。

(四)舞蹈训练

舞蹈训练是通过拉丁舞、爵士舞、现代舞、民间舞等不同的舞蹈,通过单一舞蹈动作和组合舞蹈动作练习,主要训练身体各关节的灵活性,上、下肢身体配合的协调性及身体各部位肌肉运动感觉,达到塑造良好的形态,培养正确优美的姿态,同时体会不同的表现意识,不同的气质与风格,从而改善人的气质的目的。

学以致用

1.健美操锻炼的生理负荷取决于哪些因素?

2.试述衡量健美操生理负荷的指标,测算适合你的最佳健美操生理负荷。

3.减脂饮食设计中的关键是什么?

4.塑体饮食设计的注意事项是哪些?

5.请你为自己设计一餐健康的午膳,用书面语言表述选材和制作方法。

6.简述食物营养损失的途径。

7.健美操的基本步伐有哪些?

8.形体练习对健美操有哪些重要作用?

知识拓展

1.你知道为什么健美操锻炼后要及时做好皮肤清洁吗?

因为通过健美操的锻炼,皮肤排出大量汗液和皮脂。这些身体的废弃物在皮肤表面停留会加倍吸附空气中的尘埃和污染物,如不及时清洁,容易感染伤口,堵塞毛孔,从而对皮肤造成伤害。

2.为什么我的黑眼圈无论擦什么都下不去呢?

如果你有黑眼圈,那么首先就要考虑产生黑眼圈的原因是什么了,通常用眼过度导致的眼周血液循环不畅,静脉血淤积形成的黑眼圈,还是有办法解决的。作为补救,试试将新鲜的土豆去皮、切片,敷在黑眼圈的地方吧,能起到很好的淡化黑眼圈的效果。另外,用黄瓜或冷藏过的茶包敷十分钟效果也不错。培养健康的用眼习惯,防止长时间疲劳用眼,才是治标的根本办法。

3. 蔬菜知多少?

一般来说,红、绿、黄色较深的蔬菜含营养素比较丰富,所以挑选时应多选择深色的蔬菜哦。新鲜蔬菜洗切后,切割面容易被氧化,导致维生素的损失,所以蔬菜洗切后应该尽快进行烹制。另外,蔬菜炒制后腐化速度非常快,所以按需定量,实在吃不完的还是丢弃吧,不要放过夜再吃了。

4. 生鸡蛋可以吃吗?

不主张生食鸡蛋。一来蛋类有时会被沙门氏菌等污染,生吃易致病;二来生蛋清中含有抗生物素和抗胰蛋白酶,前者妨碍生物素的吸收,后者抑制胰蛋白酶的活力。

5. 健美操锻炼时怎样补充水分才合适?

一般在开始运动前 10~15 分钟,可饮 400~600 毫升水,在运动时补充水分最好是少量多次,每 15~20 分钟饮水 100~150 毫升,这样既可以保持体内水的平衡,又不增加心脏和胃的负担。

6. 锻炼期间饮食需要注意什么?

一般进食后间隔 1.5~2.5 小时才可以进行健美操锻炼,锻炼后休息 30 分钟以上可以进食。

第三章　健美操运动安全与评价

应知导航

　　本章通过介绍健美操运动的身体训练以及专项运动素质的训练方法,使我们能更深层次地了解如何更好地提高健美操运动水平及表演效果,使健美操练习向科学、安全、合理的方向发展。通过对健美操运动健身效果评价,使不同健美操水平的同学都能明确自己的学习目标。通过对健美操运动处方介绍,让同学们学会针对自己情况建立自己的运动处方,同时也让大家了解健美操运动中常见运动损伤的预防与处理方法。

第一节　健美操运动的专项身体素质

一、健美操专项身体素质练习内容

　　根据项群理论,我们将健美操运动归为技术性项群中的表现难美型运动项目。它是以动作质量和难度来计算运动成绩的,主要表现为准确完成专项技术的能力和完成高难动作及显示人体优美运动的能力。

　　(一)健美操身体练习的内容

　　在健美操练习过程中运用各种身体练习方法有效地控制练习者身体形态、改善机体的机能、提高运动素质、增强健康状况,其基本目的是提高身体素质。

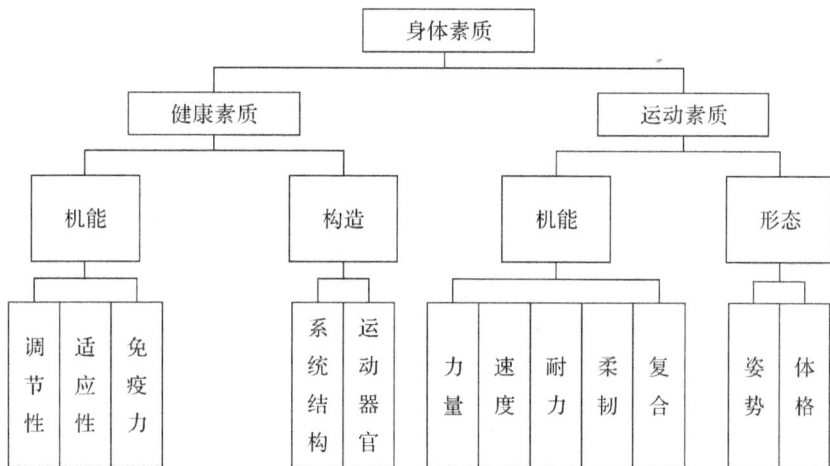

图 3-1-1　身体素质

(二)健美操专项运动素质的练习

1.力量素质

由于竞技健美操成套动作中力量性动作,特别是复合型力量动作的增加,把力量在健美操中的作用提到了一个较高的位置。

(1)相对力量与最大力量

相对力量是练习者单位体重所具有的最大力量。

(最大力量是指肌肉通过最大收缩克服阻力时所表现出来的最高力值)

相对力量＝最大力量/体重。

上述公式表明,若练习者的最大力量相同,体重轻者相对力量大;反之,相对力量小。

在竞技健美操中,运动员主要靠克服自身体重来完成动作,因此,竞技健美操运动员力量的大小应该用相对力量来衡量。最大力量的增长主要有两条途径,一是依靠肌肉协调能力的改善,二是增大肌肉体积(肌纤维增粗)。由于肌肉体积的增长会使体重增加,因此提高肌肉的协调功能是提高相对力量的最佳途径。

相对力量训练时应安排大负荷(自身最大力量的85％以上)、少次数、多组数,且每组练习后都应使运动员有足够的休息时间。通常,以50％的负荷强度做20次为宜,每减少或增加5％的强度,重复次数则相应减少或增加两次;随着运动员最大力量的增长,重复的次数和负荷强度也相应提高。负荷强度越大、持续时间越长,组间间歇时间就应越长。这样,就能使运动员的力量素质得到较大提高,而肌肉体积(体重)不增加或增加很少,从而提高了运动员的相对力量。

(2)速度力量

速度力量指肌肉在尽可能短的时间内发挥最大力量的能力。

它是力量与速度有机结合的一种特殊的身体素质,因而与练习者的力量和速度两种素质都有关系。

提高速度力量的有效途径是提高力量。要兼顾力量和速度两个因素,速度力量的训练应采用适宜的负荷强度(约为本人最大强度的 40%～60%),并要求练习者以最快的速度去完成。练习的次数和重复的组数不可太多,以动作速度不明显降低为准。休息时间相对较充分,但不可太长,否则会降低运动员中枢神经系统的兴奋性,从而影响下一组的训练。目前,速度力量的训练多采用各种超等长练习(如跳深、连续单腿跳、俯卧撑击掌)

(3)力量耐力

力量耐力指练习者克服一定外部阻力时,能坚持尽可能长的时间或重复尽可能多的次数的能力。

力量耐力通过提高练习者的力量、改善血液循环和呼吸系统的机能来发展。力量耐力训练应使运动员在无氧供能条件下,坚持尽可能长的时间或重复尽可能多的次数,并在机体尚未完全恢复时就要开始进行下一组训练。

发展肌肉的力量耐力,一般采用 25%～40% 的负荷强度,多次重复,甚至可达极限。组间间隙时间可根据练习时间和参加工作肌肉的多少来决定,必须在工作能力尚未恢复时,就开始下一组的训练,即在心率达到 110～120 次/分时,进行下一组练习。

(4)静力性力量

静力性力量训练是在身体固定姿态下,肢体维持在一定的位置,肌肉长度不变,改变张力克服阻力的练习方法,也称之为静力性等长收缩训练。

静力性力量练习时应动员更多的肌肉参与工作,注意关节的角度,选择能发挥最大肌力的角度,以取得最佳训练效果。运动员在完成静力性力量练习时常常憋气,这时肌肉紧张、血管封闭、肌肉中的血液循环可发生不同程度的暂时中断,因而工作时间不能过长。

在进行静力性力量训练时特别要注意呼吸问题。健美操中静力性力量练习运动常采用 70%～60% 的负荷强度、时间为 10 秒左右。一次训练课的静力性练习时间不宜过长,冬训时可达半小时,竞赛期 5～10 分即可。静力性练习应与动力性练习相结合,动力性练习在前,静力性练习在后,两者交替进行效果最佳。

(5)力量素质练习的常见手段

上肢力量:

◆夹肘(开肘)俯卧撑

俯卧姿势,双脚尖着地,练习时肘关节贴紧身体两侧自然屈伸,俯撑时上体成一直线,与地面保持 10 厘米的高度,每次做 5～10 个。

◆腹肌和侧腰肌力量

仰卧起坐,每组 15～20 次,3 组以上。

◆背肌力量

俯卧两头起,俯卧打腿,每组 15～20 次,3 组以上。

下肢力量:

蛙跳、连续跳过障碍物、负重提踵、半蹲起,可单独完成,每组 15～20 次,3 组以上。

(6)力量素质练习的注意事项

发展力量素质应注意:力量训练以动力性练习为主,在保证动作技术的情况下,尽量快速完成动作,培养肌肉快速收缩、放松的能力,以此来适应健美操项目在快速运动中完成动作的特点。力量训练应与柔韧、放松练习相结合,以便提高肌肉的弹性和伸展性。

①选择有效的训练手段;

②力量练习与专项技术相结合;

③处理好负荷与恢复的关系;

④课前力量训练和课后力量训练相结合,互为补充;

⑤注意激发练习者的兴趣。

2.速度素质

速度素质是指人体快速运动的能力,包括反应速度、动作速度、移动速度。健美操速度素质训练的主要内容是动作速度和移动速度。

(1)动作速度

动作速度是指人体快速完成某一动作的能力,它与练习者的速度、力量和技术等都有着非常密切的关系。

动作速度是技术动作不可缺少的要素,它是指连续完成单个动作时,在单位时间里重复次数的多少。对动作速度竞技健美操尤其重要,因为竞技健美操的动作强度主要表现在动作速度上,如挥摆速度、踢腿速度、空中完成动作时的转体速度等。

在进行速度训练时,应把发展速度素质与发展相应部位的力量结合起来,把发展素质与完善技术结合起来。实践中通常采用定量计时或固定计数的方法,让运动员快速重复一些基本难度动作,以此来发展相应的动作速度。

(2)移动速度

移动速度是指周期性运动中,在单位时间内快速位移的能力,通常以人体通过固定距离的时间来表示。竞技健美操对位移有很高的要求,特别是集体项目,队形变化常要求运动员在 4 拍内移动到位。

提高移动速度有两个基本途径:一是力量训练,使运动员力量增长,进而提高难度;另一个是重复进行专项技术练习,如利用基本步伐进行位移练习。

(3)速度素质练习的常见手段

①以最快的速度完成一般力量练习,来提高快速完成动作的能力。如:快速俯卧撑、两头起、分腿两头起等。

②采用 26～29 拍/10 秒的音乐进行大踢腿，徒手操化练习。

③采用各种基本步伐进行位移训练。

④原地高抬腿跑、后蹬跑、上下坡跑等。

（4）速度素质训练的注意事项

①速度素质练习的持续时间不能过长，一般的讲，应保持在 20 秒以内。

②多采用 85％～95％的负荷强度，练习的重复次数不应过多，以免练习强度下降。

③确定间歇时间的长短，使练习者机体得到相对充分的恢复，以保持下一次练习的进行。休息时，以伸拉为主。

④速度练习应从时间的安排、练习内容的选择以及运动负荷的安排三方面来保证练习者能以最快或接近最快的速度完成练习。

⑤由于速度素质不易转移，因此速度训练的练习内容应尽量选用专项动作本身，以保证所发展的速度能高效地用于专项技术训练和比赛中。

⑥速度素质练习切忌方法单一，内容枯燥，可采用比赛、游戏、变换音乐速度等方式来控制运动员中枢神经系统的兴奋性。

⑦在速度练习中要注意防止速度障碍（即速度增长停止甚至下降）的产生。其预防措施是在一定阶段内减少运动员常采用的速度练习，取而代之的是增加速度力量和其他一般素质练习。

3. 耐力素质

耐力素质是指有机体长时间坚持运动的能力。运动员要在竞赛全过程中、锻炼者在有氧锻炼过程中保持一定的运动强度或动作质量，就必须具备良好的耐力素质。

按人体的生理系统分类，耐力素质可分为肌肉耐力和心血管耐力。肌肉耐力也称之为力量耐力，心血管耐力又分为有氧耐力和无氧耐力。

（1）有氧耐力与无氧耐力

有氧耐力是指机体在氧供能比较充足的情况下，能坚持长时间工作的能力。有氧耐力训练的目的在于提高运动员机体吸收、输送和利用氧气的能力，促进有机体的新陈代谢。

无氧耐力，也叫速度耐力，它是指以无氧代谢为主要供能形式，能坚持较长时间工作的能力。

（2）一般耐力与专项耐力

依耐力素质对专项的影响，耐力素质又可分为一般耐力和专项耐力。一般耐力是指对提高专项运动成绩起间接作用的基础耐力；专项耐力是指与提高专项运动成绩有直接关系的耐力，具体地讲是指持续完成专项动作或接近比赛动作的耐力。

（3）耐力素质练习的常见手段

①有氧耐力：可采用小负荷强度，长时间，不少于 30 分钟的练习方法，心率要控制在

145～170 次/分。心率过大会形成氧债,过小的心输出量则达不到较大值,吸进的氧也会较少,影响训练的效果。有氧耐力的适宜心率可通过公式:安静心率＋(最大心率－安静心率)×60%～70%来计算。

②一般耐力:

各种形式的长时间跑、匀速跑、越野跑、变速跑。

专项练习、有氧热身操、跑跳组合等。

长时间重复做某一周期性运动,如往返跑至折返点时安排立卧撑跳、俯卧撑、团身跳、屈体分腿跳、大踢腿跳等。

③专项耐力:

基本动作的多次重复。

基本难度的多次重复。

基本架子套的多套练习(不加难度动作)。

竞赛前期成套或超长套练习(即两套成套练习、一套加重点难度练习,间隔 30～60 秒)。

(4)耐力素质练习的注意事项

①重视呼吸能力的培养。耐力训练中要十分注意呼吸问题,在摄取必需的氧气时,机体是通过加快呼吸频率和加深呼吸深度来吸取氧气的,因而要注意培养练习者的呼吸方法,加强对运动员用鼻呼吸能力的培养。健美操运动员还应加强呼吸节奏与动作节奏协调一致的训练,呼吸节奏紊乱,就会使动作节奏遭到破坏,从而影响运动成绩。

②一般耐力和专项耐力相结合,并根据训练时期和对象的不同有所不同。年龄小的运动员一般耐力的训练比较多,随年龄的增长和训练水平的提高,专项耐力训练逐渐增加。过渡期和准备期,一般耐力训练较多;准备后期和竞赛期则以专项耐力训练为主。

③有氧耐力是无氧耐力的基础,只有使运动员心血管系统的功能提高才能为以后无氧耐力的发展奠定坚实的物质基础。

④专项耐力的训练应达到或超过比赛的量和强度,以建立必要的专项耐力储备,保证运动员在比赛中能表现出良好的专项耐力水平。

⑤发展耐力素质应与培养运动员的意志品质相结合。意志品质是影响耐力素质的重要因素之一。因此,要注意培养运动员顽强刻苦的优良品质,最大限度地提高运动员的耐力素质。

4.柔韧素质

柔韧素质是指人体各关节在不同方向上的运动幅度以及肌肉、韧带等软组织的伸展能力。分为一般柔韧素质和专门柔韧素质。

在成套动作中大幅度的踢腿和跳步,能充分地体现运动员的柔韧性,良好的柔韧素质是高质量完成动作和难度的基础。

（1）柔韧素质的好坏主要取决于以下三个因素：

①关节的骨结构。

②关节周围组织的体积。

③跨过关节的韧带、肌腱、肌肉和皮肤的伸展性。此外，年龄、性别、机体的激活程度及神经系统对肌肉的调节能力等因素对韧带也有一定的影响。

（2）主动柔韧与被动柔韧

主动柔韧练习是练习者借助自身重量或力量来发展关节柔韧性的一种方法。该方法与专项动作的表现形式一致，使用效果较好，但对柔韧素质的发展有一定的局限性。被动柔韧练习是依靠外力的作用促使关节灵活性增大的方法。该方法可迅速提高关节的柔韧性，但实用性较差，且疼痛感也较大。

由于这两种方法各有利弊，训练中多被结合利用。主动柔韧性练习更接近于实际需要，而被动柔韧性练习则能有效地提高柔韧性。发展柔韧性要与放松练习交替进行，主动和被动相结合，综合地进行训练。

（3）柔韧素质训练的常见手段

根据项目的特点和要求，健美操应重点发展双肩、腰、腿及髋关节的柔韧性。肩部应重点发展肩的伸展性和灵活性。腿部应重点发展体前、体侧的伸展性及控制力。腿、髋部应重点提高大幅度快速踢腿的能力、腿的控制能力以及髋关节的灵活性。具体的方法有：

①体前屈压肩；

②弓步拉肩；

③俯卧外力拉肩；

④转肩；

⑤并腿体前屈；

⑥前、侧、后腿的压、扳、踢、劈叉；

⑦利用外力加大踝关节背屈和背伸的幅度；

⑧腕关节的屈伸，自扳、支撑及前倒压腕。

（4）柔韧素质训练的注意事项

①柔韧素质训练应长年坚持。

②在柔韧练习前首先要做好热身（准备活动），练习幅度由小到大，由慢到快，由静到动。准备活动可降低肌肉黏滞性，对柔韧练习有利，且不易拉伤。

③做被动练习时，外力要逐渐加大，最后保持在一定限度内，以免拉伤。

④不论是被动练习还是主动练习后，一定要进行摆腿式踢腿，一来可以放松伸拉的肌肉韧带，二来恢复弹性，使肌肉韧带柔而不软，韧而不僵。

5.协调性

协调性是身体素质中最不好练,最难提高的一项素质。但它却是健美操所必需的综合性素质。协调性可通过各种舞蹈组合、徒手体操、健美操跑跳动作组合来提高。进行组合练习时应选择需要上下肢、躯干、头等身体多部位相互配合的较复杂的动作。

协调性训练应经常变换舞蹈、徒手体操、健美操等组合的练习内容,动作编排应对称与不对称相结合,节奏快、慢、变节奏相结合,选择动作时应注意选择使不同肌群同时参加运动、特别是小肌群参加运动的动作。

第二节　常见健美操运动练习方法

一、健美操练习方法

(一)初级健美操练习方法

1.原地热身

(1)原地提踵跳 6×8 拍;

(2)开合跳(前脚掌落地)——弓步跳——吸腿跳——后踢腿跑——后踢腿跑——弹踢跳——大踢跳;

(3)手臂动作:两臂侧下举、握拳、控制。

2.行进间

(1)行进间开合跳(前脚掌缓冲落地)方向:前、后;

(2)行进间弓步跳;

(3)行进间后踢腿跑;

(4)行进间吸腿跳;

(5)行进间 4 拍后踢,4 拍开合跳;

(6)行进间 4 拍后踢,4 拍开合加转体;

(7)行进间 4 拍后踢,4 拍弓步加转体;

(8)行进间 4 拍后踢,4 拍吸腿加转体;

(9)行进间弹踢加转体。

3.专项练习

(1)掌形变换练习,手掌手形不同的练习;

(2)腰部力量加强练习;

(3)踝关节练习,提膝 100 次或 4 分钟,要有弹性;

(4)放松后制动练习;

（5）手臂上举,提踵练习;

（6）表情练习;

（7）乐感培养。

（二）中级健美操练习方法

1.原地热身

（1）基本步伐练习(吸腿跳、后踢腿跑步、弓步跳、开合跳)每个动作 4 个八拍;

（2）基本步伐练习加手臂动作。

2.行进间

基本动作同初级练习不变,加快音乐节奏,加大动作幅度。

3.专项练习

（1）掌形变换练习,手掌手形不同的练习,手臂力量加强练习;

（2）腰部力量、下肢力量加强练习;

（3）踝关节练习,提膝 200 次或 8 分钟,要有弹性;

（4）放松后制动练习;

（5）手臂直臂上举,小关节绕圈、提踵练习;

（6）表情练习;

（7）乐感培养。

（三）高级健美操练习方法

1.原地热身

（1）基本步伐练习(吸腿跳、后踢腿跑步、弓步跳、开合跳)每个动作 4 个八拍,加上手臂动作;

（2）基本步伐练习加手臂动作,并且有不同方向和面的变化。

2.行进间

基本动作不变,每个动作都加上不同的手臂动作,加快音乐节奏,加大动作幅度,或改变动作的方向。

3.专项练习

（1）手臂力量练习,跟随音乐能做复杂的手臂动作;

（2）侧转腰、深蹲、坐姿、行进间行走等下肢力量加强练习;

（3）踝关节练习,加负荷提膝 200 次或 8 分钟,要有弹性;

（4）放松后制动练习,配备哑铃动作;

（5）成套练习中表情放松,运用自如;

（6）能用不同的音乐伴奏完成成套动作,体现动作的稳定性。

二、易犯错误

1. 学生在健美操学习中出现错误动作的原因主要有以下几种：

(1)因肌肉本体感觉差而导致动作不到位；

(2)因学生动作概念不清而导致动作错误；

(3)因记忆不清,顺序混淆及动作遗忘导致错误；

(4)因相似动作而导致记忆错误；

(5)因动作的迁移而导致错误；

(6)因自信心不足而导致错误；

(7)因场地、音乐、方向等客观因素的改变而导致错误。

2. 学生易接受的纠错方法：

(1)语言提示法

在动作学习的初期阶段,学生常会由于对动作顺序要领和规格等要求不太清楚而出现错误或在练习中出现动作遗忘。教师可采用语言提示动作名称或动作要点来控制学生所做动作,如在转身动作之前说"转身",头部动作后提示"肩部"等。

(2)模拟体验法

健美操技术动作对身体控制能力的要求较高,有些学生肌肉本体感觉较差,缺乏协调性,教师可采用静止控制重复模拟动作,纠正错误的动作让学生体会有关肌肉用力的感觉和动作控制中的肌肉用力技巧。

(3)对比求异法

健美操的同类动作,从动作完成的外形和主要的技术要领上看是基本相同的,但在具体的完成要求上却又有所不同,所以学生常出现混淆,从而产生错误。教师应将两个动作加以对比,从中找出技术差异,使学生弄清两者的不同之处,及时进行纠正。

(4)保护辅助法

学生在学习和练习中,常因为动作难度较大或者自信心不足,担心动作失败而发生危险,加之动作不熟练,心理压力大,使得肌肉僵硬,动作变形。在这种情况下出现的动作错误没有规律,解决办法是加强保护措施,正确运用助、阻力法进行帮助,让学生在保护和帮助的情况下放心地体会动作,减少错误动作的出现,加强正确动作技术的运用。

(5)教师模拟法

当学生对错误动作产生的原因不够清晰或出现突发性的错误时,教师不可盲目形式化地去纠正错误,应在动作结束后,把所获得的动作错误部位、性质、原因通过分析讲解或是夸张性的示范及时反馈给学生,使动作错误在未形成动力定型之前消除。教师对错误动作适当夸张化的讲解与示范更有利学生对错误的认识,然后加以正确动作的示范会有很好的纠错效果。

（6）教师的鼓励与评价

教学中，教师对学生的鼓励有着不可低估的作用。在一些因难度较大而自信心不足引起的错误中，教师的鼓励能帮助学生建立信心，克服困难，减少错误动作，完成正确的动作技术。因而在教学中要求教师及时、适当的把握，不使学生产生消极的情绪。

（7）附设标志物法

有些学生虽然能完成所学的动作，但是按照技术规格要求，在力度、幅度或距离的把握方面还达不到规定的标准，如移动中身体重心的起伏较大时，教师可采用设立标志物的方法帮助学生克服缺点。

3.针对上述学生比较容易接受的纠错方法，教师在施教时应注意以下几点。

（1）要善于发现学生出现的错误动作，分析产生的原因及时进行纠正

在教任何一个新动作时，教师都应钻研教材，吃透技术的难点与关键，并针对可能出现的错误有事先预计，在学生产生错误动作的萌芽状态时就能及时发现和纠正。因为"动力定型的改造比建立新的动力定型加倍困难"，若待到错误动作在学生脑中留下深刻痕迹再去改造就会带来更多困难。

（2）抓住产生错误的主要方面，有的放矢，逐个进行讲解

学生在某一动作练习中，有时产生的错误不止一个，教师应根据所产生的错误分析原因，有的放矢，先解决重点方面，然后再解决次要方面，切不可将若干个错误同时提出一起解决，这样会欲速则不达，使学生无所适从。

（3）共性与个性错误分开纠正

学生中普遍存在的动作错误可集体统一地进行纠正，学生之间通过相互观察、明确错误产生的原因，并根据错误的不同程度选择纠正的不同方法，改进动作技术。

对一些学生因个人身体条件或其他因素影响而出现的不具有典型性的动作错误，教师应本着区别对待原则，有针对性地进行个别辅导和错误纠正，避免干扰其他学生形成负面影响。

（4）要耐心细致循循善诱

在纠正学生错误动作时，教师不可急于求成，根据认识事物的规律和运动技能形成的规律，教师应耐心引导、讲清技术的方法、要领，帮助学生分析产生错误的原因，激发学生改正错误动作的信心。

（5）采用纠正错误动作的方法要有针对性

由于学生的知识水平、身体条件、接受能力等方面程度不同，教师不应孤立地采用同一种方法去纠正，教师应根据学生的具体情况，采用不同的方法去解决，并灵活地将不同方法相互交替，相互结合运用，这样将会达到事半功倍的结果。

第三节　健美操的运动处方

一、运动处方概述

(一)运动处方的概念

运动处方最早是由美国生理学家卡波维奇在 20 世纪 50 年代提出的,随着康复医学以及心血管疾病康复训练的迅速发展,运动处方逐渐为大众所知。1969 年世界卫生组织首次使用"运动处方"这一术语,并得到国际认可。运动处方的概念是:康复医师或体疗师,对从事体育锻炼者或病人,根据医学检查资料(包括运动试验和体力测验),按其性别、年龄、身体锻炼经历、健康、体能以及心肺功能状况,用处方的形式规定运动种类、运动强度、运动时间及运动频率,提出运动中的注意事项。运动处方是指导人们有目的、有计划和科学地进行锻炼的一种方法。按照这样的方法进行锻炼,能够显著减少运动伤病的发生,提高身体机能,达到增进健康或预防及治疗某些慢性疾病的目的。

健美操的运动处方就是指遵循运动处方的基本原理和原则,根据体育锻炼者或病人的实际情况,利用健美操运动的特点,选择不同类型健美操进行科学健身的方法。由于不同类型健美操的运动形式、运动强度等方面存在着较大差异,因此在选择不同类型的健美操运动进行健身的时候要严格按照健身者自身的目的和身体机能,而不能盲目参与。

(二)运动处方特点

1.明确的目的性

运动处方是针对不同健身者或者病人制定的系统科学的锻炼方式,因此它有明确的目的性。包括长期与短期有效、提高机体适应性、降低慢性疾病发生率、塑造完美体形等目的。运动处方的制定和实施都是根据运动处方的目的来进行。

2.缜密的计划性

运动处方实际上就是为健身者或病人安排的一项锻炼计划。科学完善的计划使执行者在实施运动处方的过程中更容易坚持。

3.严格的科学性

运动处方的制定和实施过程是严格按照运动康复、运动医学、运动训练等学科的要求来进行的,有较强的科学性。按照运动处方进行锻炼,能有效地降低运动损伤的发生,并取得较明显的健身和康复效果。

4.个体的针对性

每一份运动处方都要根据锻炼者的医学检查资料、健康、体能、心肺功能、运动环境以及个体爱好等具体情况制定和实施,因此具有很强的针对性。即不同的锻炼者应有不同的运动处方。

(三)运动处方的分类

根据不同的分类依据,我们将运动处方分为以下常见的几类。

1.按锻炼的对象和目的分

(1)治疗性运动处方

以治疗疾病、运动损伤以及其他疾病康复为主要目的,由专业医生或相关专业治疗师制订出的。它使医疗体育定量化,在运动方式的选择以及运动强度、运动频率上有着严格的要求。

(2)预防性运动处方

以增强体质、预防疾病、提高健康水平为主要目的,它主要用于健康的中老年人、容易发生运动性疾病的人以及长期从事脑力劳动的人。

(3)健身健美性运动处方

是健美操运动处方中最为常见的一种运动处方。它是以提高健康水平和塑造优美或健壮的体形为主要目的。锻炼者一般都是身体健康的人,对自身某方面身体素质有特殊要求,或者想拥有理想体形。

2.按运动强度来分

(1)日常身体活动处方

由健身指导员、教练以及体育教师制定即可。它是健康人群都可以进行的身体活动。目的就是让锻炼者消耗多余的热量,控制体重、增强体质。内容主要包括低强度的身体运动以及拉伸练习。

(2)轻微运动处方

主要针对久坐或静态生活者而制定的运动处方。静态生活者是指那些基本不从事身体活动的人,或进行轻微活动就会疲劳或不适的人。内容除了日常的身体活动以外,还应每天步行半个小时或者选择其他相对应强度的运动,如游泳、自行车、有氧舞蹈等。

(3)中等到大强度运动处方

它是针对有一定运动经历的锻炼者而制定的运动处方。此处方运动强度较大,要求有较高的运动机能水平。

3.按锻炼的器官系统分

(1)锻炼心血管系统的运动处方

以提高心血管系统机能为主的运动处方。内容一般都以中等强度的有氧耐力运动为主,即有氧运动。例如慢跑、游泳、自行车、有氧健身操、有氧舞蹈等。正常情况下,有氧运动可以大大增强心血管系统的输氧与营养物质能力,加快体内废物的清除代谢。按照相应的运动处方锻炼可使心脏功能加强,心脏输出血量增加,血压平稳。

（2）锻炼运动系统的运动处方

以提高运动系统机能为主的运动处方。内容一般针对某些身体素质，如针对力量、耐力、柔韧、协调等能力的锻炼。

（3）锻炼呼吸系统的运动处方

以提高呼吸系统机能为主的运动处方。内容一般以中等强度的有氧耐力运动为主。以增强肺活量，提高人体摄氧能力，改善呼吸系统的功能状态。

（四）运动处方的内容

运动处方的内容应包括运动处方的目标和运动内容的选择。即首先要确立锻炼者想要达到的目的，再选择锻炼的手段和方法，包括运动方式、运动强度、运动频率和运动中应注意的问题等等。

1. 运动处方的目标

制定运动处方时，要根据锻炼者自身的身体状况、健身的需求以及个人爱好，确定明确而有针对性的目标。例如预防性运动处方的主要目标是提高心肺功能，降低和调节血压与血糖、降低血脂，防止动脉硬化；锻炼运动系统的运动处方其主要目标是提高肌肉力量与耐力、提高柔韧性与协调性等身体素质，促进锻炼者全面身体健康；康复性运动处方应特别针对康复锻炼的最终目标，如踝关节损伤后的运动处方就要安排使用辅助器械行走、恢复正常步态、恢复正常的生活与工作能力、参加恢复训练等。

2. 运动内容

运动内容指的是指导者与锻炼者在执行运动处方时所选择的运动方式、运功强度、持续时间、运动频率、能量消耗目标以及注意事项。

（1）运动方式

一般多采用有氧耐力的运动方式来提高心肺功能、增强体质。有氧运动是指全身大肌肉群参加较多的中低强度、较长时间的周期性运动，例如步行、慢跑、骑自行车、太极拳、打腰鼓等。各种形式的健美操运动基本也都是有氧运动，例如有氧舞蹈、有氧拉丁、健身街舞、健身爵士等等。肢体的功能性锻炼可采用力量练习、柔韧性练习、水中运动等方式，提高肢体肌肉力量、关节活动范围以及恢复损伤部位功能等。

（2）运动强度

运动强度主要反映了运动的剧烈程度，常用每分钟的心率来表示强度的大小。运动强度是否合适关系到锻炼的效果和锻炼者的健康，所以应按照每个人的具体情况来确定锻炼时的运动强度。如年龄为 20 岁的大学生适宜的运动强度为心率 120～160 次/分。

（3）运动持续的时间

一般有氧运动应至少持续 30～60 分钟。健康状况不佳及身体素质较差者，应从低强度的运动开始，逐渐增加运动强度和运动时间。在耐力运动处方中主要采用"持续训练法"，通常是持续运动或分段（每 10 分钟为 1 段）进行运动。每天累计做 20～60 分钟的有氧运动。在力量运动处方和柔韧运动处方中,则要规定完成每个动作的重复次数,每组练习的时间以及共需完成几组和组间的间隔时间等。

(4)运动频率

运动频率即每周锻炼的次数。每周进行 3～4 次有氧运动,就可以达到强健身体的目的。以减肥为目的的锻炼者应每周运动 5 次以上。

(5)能量消耗目标

运动强度、时间、频率三者间的相互作用决定运动能量消耗。由于健身效果的好坏与健身运动中的能量消耗息息相关,因此在运动处方中设定能量消耗目标非常重要。能量消耗目标因锻炼目的不同因人而异,如锻炼目的是提高心肺机能、增加耐力、控制体重及预防慢性疾病的锻炼者,应先设定能量消耗目标,再据此计算应完成的运动量。

(6)运动中应注意的问题

为了锻炼者的人身安全,要根据锻炼者的具体情况提出锻炼时应注意的事项,如锻炼时心率不能超过靶心率,慢性病的患者要注意检测身体状态,进行力量练习时应注意预防意外事故等。

(五)运动处方的制定程序

制定运动处方要根据年龄、性别、体质和健康状况等多方面来制定符合锻炼者身心特点的运动健身处方,来达到良好的运动效果。首先对锻炼者病史和锻炼经历、身体健康状况、有无心脏病等运动禁忌证等情况进行了解,然后进行医疗检查,特别要注意检查心肺功能、运动器官功能和体力。由此制定出运动处方,并对锻炼者运动处方的执行进行具体指导。经过一定时间的锻炼后,再进行检查,依据此结果来评价运动效果并制定下阶段的运动处方。

1.健康调查与评价

通过询问、观察和本人填写调查表等方法将锻炼者的病史、运动爱好、饮食情况、生活方式和运动目的等情况记录下来,同时将一般性体检、人体各围度测量及体脂含量测定结果一一记录,有条件的情况下对精神、心理状态等方面也进行测试,从而对锻炼者健康状况作出初步完整评价。

2.运动试验

根据健康调查的初步健康评价进行锻炼者运动试验,以利于评价锻炼者的心血管机能、最大摄氧量和最大心率等指标的确定,为运动处方的制定提供依据。

3.体质测试

体质是指身体运动的基本能力,或者说是进行运动或劳动时身体所具备的基本素质,它是通过人体在运动或劳动中表现出的力量、速度、耐力和灵敏等素质来体现的。握力、腹背肌、100 米、俯卧撑、5 分钟跑、12 分钟跑和纵跳等运动可以反映锻炼者的体质状况。

在进行以上测试时,体弱多病的人以及很少进行体育锻炼的人一定要小心谨慎,不能超过身体所能承受的强度。很少锻炼的人一般不能正确估计自己的体力,也不会控制运动强度,容易对身体带来伤害。

(六)运动处方实施过程中的自我监控

1.自我心率监控

首先要能熟练测量自己的脉搏,然后计算出自己的靶心率是多少。脉搏的测量方法一般是将一只手的指腹放在另一只手腕桡动脉处或耳前方颞浅动脉处数动脉搏动次数。通常将运动停止后即刻测得的 10 秒钟脉搏数乘以 6 近似地作为运动时每分钟心率。

2.自我感觉

在每次运动后,关注身体从疲劳状态恢复的状况,运动量适宜的标志是:睡眠良好、次日早晨起床后疲劳感完全消除,感觉轻松愉快,体力充沛。

3.运动后次日身体状态测定

如果运动后几天早晨的脉搏和血压都有明显的上升,或肺活量、体重等有明显的持续下降的情况说明运动量过大,有可能疲劳过度,要及时减少运动量。有慢性病史的人则特别要注意,需要在康复医生、相关专家的指导下,通过测试得到对自己安全有效的运动处方。

(七)运动处方的基本格式

运动处方一般应包括以下内容:

①一般资料。②临床诊断结果。③临床检查和功能检查结果。④运动试验和体力测验结果。⑤运动的目的和要求。⑥运动内容。⑦运动强度。⑧运动时间。⑨运动频率。⑩注意事项。⑪医师签字。⑫运动处方的制定时间。

二、健美操锻炼的运动处方

(一)对于肥胖者的运动处方

肥胖人群易得心脏病、高血压、糖尿病等,这些疾病严重影响人们的日常生活,体育锻炼和合理营养相结合是最佳的减肥方法。肥胖者在减肥的过程中,除坚持合理健康的饮食结构外,采用有氧健美操和健美锻炼相结合的方法可收到更好的效果。

运动强度:心率控制在(220-年龄)×(60%-70%)

持续时间:要想使体内的脂肪参与运动,达到消耗的目的,应保证足够的运动时间。在吸入氧气充分的情况下,运动时间越长,消耗的脂肪就越多。因运动时身体首先消耗的是供能物质 ATP,其次是糖类,一般要在 20 分钟以后才能消耗脂肪,因此要达到好的减肥效果,每次健美操运动时间不能少于 40 分钟,以较低强度的健美操练习为主,例如水中有氧操、有氧舞蹈、有氧拉丁等,不适宜进行搏击操、踏板操与动感单车等高强度的健美操练习。再结合一些轻负荷、低难度、多组数、慢速度,针对性强的力量练习,减肥效果会更好。

运动频率:对于身体肥胖的人,由于自身负担较重,要注意锻炼时的循序渐进。一开始每周至少锻炼 3 次,以后逐渐增加到 5 次以上。另外除了计划规定的有氧健美操练习外,每天还需增加慢跑、跳绳、腰腹肌练习来加强脂肪的消耗。

(二)对于消瘦者的运动处方

健美操要求锻炼者保持正确的身体姿态、良好的力度和身体协调能力,因此有助于消瘦者打造一个挺拔的体型,通过力量练习可以使消瘦者增长肌肉,身体强壮。消瘦的锻炼者进行健美操锻炼时要注意以下几个问题:

1. 运动强度:消瘦者锻炼时以中等强度为宜,心率控制在(220－年龄)×80％左右。杠铃有氧操是增肌健身很好的选择。近几年来杠铃操逐渐为健身者熟知的项目,它是在有音乐和健身教练的带领下,利用不同重量的杠铃进行的健美操练习。在选择器械时,以锻炼者的中等负荷重量为佳,每个动作做 2～3 组,每组 6～9 次。每次选择 5～6 个动作,发展大肌肉群的动作做 3 组,发展小肌肉群的动作做 2 组。一般来说,采用人体最大肌力 85％负荷是刺激肌肉生长、增加力量的理想强度。

2. 持续时间:增肌塑型不适宜进行长时间的有氧练习。因此每次运动时只要肌肉群能够达到增肌的练习组数和次数时就可以了,不用进行过多组数和次数的练习。一般每次锻炼持续一个小时为宜。连续完成一组动作应为 60 秒左右,组与组间歇为 20～30 秒,每种动作间歇 2 分钟为宜。

3. 运动频率:依照运动生理学以及训练学的原理,对于消瘦的人来说,要想提高肌肉力量和肌肉围度,每周要对同一肌肉群进行 3～5 次的运动刺激,过多或者过少都很难达到理想的健身效果。

(三)对于正常体型的人

健美操的运动强度和运动形式既能够有效地提高锻炼者的心肺功能,全面提高身体素质,又避免了周期运动的乏味,能够让锻炼者保持运动热情,同时再加入力量训练,可以加强局部的塑身效果,达到不同锻炼目的。对于正常体型的健身者来说,可以根据自身的喜好以及特殊目标选择不同类型的健美操进行锻炼。如杠铃操可以增大肌肉围度,提高肌肉力量与耐力;水中有氧操可以减脂,提高心肺功能,同时避免膝关节以及腰部的压力等。

1. 运动强度:正常体型的锻炼者可以选择不同形式不同运动强度的健美操进行练习。

2. 持续时间:可以根据锻炼者的目标确定不同的持续时间。通常要提高心肺功能、协调能力及柔韧性时,每次运动时间维持在 40 分钟到 1 个半小时之间。而增肌塑型时不适宜进行长时间的有氧练习。一般每次锻炼持续 1 个小时内为宜。

3. 运动频率:锻炼者可以保持 3～7 次的运动频率,有氧操练习可以每天进行,中间最好穿插几次力量练习与柔韧练习,例如进行杠铃操练习提高肌肉力量,普拉提练习提高核心力量及其稳定性、瑜伽练习提高身体柔韧性等。多样的健身操会全面促进锻炼者的身体素质,改善健康状况。

三、健美操锻炼的运动处方实例

减脂锻炼者的健美操运动处方

姓名:＊＊＊　性别:女　年龄:30 岁　职业:教师　体育爱好:舞蹈

健康检查:良好,身高 155cm,体重 60kg,体脂中度超重,病史——无;

运动负荷测定:台阶实验,安静脉搏 75 次/min,血压 80/120mmHg,肺活量 2800ml。

体能测定:力量——仰卧起坐 25 个/min,耐力——800m 跑 4 分 05 秒。

体质评定:健康状况,良;体重过重;心肺功能稍差。

运动目的:促进脂肪代谢、控制体重,减肥健美。

处方内容:

周次	运动方式	每次运动持续时间	运动强度	运动频率
1	低强度有氧健身操	40 分钟左右	心率控制在 130～150 次/分钟	隔日运动
2	低强度有氧健身操	40 分钟左右	心率控制在 130～150 次/分钟	隔日运动
3	低强度结合少量高强度有氧健身操	40～60 分钟	140 次/分钟左右	3～4 次
4	低强度结合少量高强度有氧健身操	40～60 分钟	140 次/分钟左右	3～4 次
5	低强度结合高强度有氧健身操,少量的普拉提、拉伸练习	60 分钟以上	140 次/分钟左右	3～4 次
6	有氧拉丁、高强度有氧健身操、普拉提、瑜伽练习	60 分钟以上	140 次/分钟左右	保证 3 次有氧操练习,每周 1～2 次普拉提或瑜伽练习
7	有氧拉丁、健身街舞、高强度有氧健身操、拉伸练习	60 分钟以上	140 次/分钟左右	保证 3 次有氧操练习,每周 1～2 次普拉提或瑜伽练习

续表

周次	运动方式	每次运动持续时间	运动强度	运动频率
8	有氧拉丁、健身街舞、高强度有氧健身操、拉伸练习	60分钟以上	140次/分钟左右	保证3次有氧操练习,每周2次普拉提或瑜伽练习
9	有氧拉丁、健身街舞、杠铃操等高强度健美操项目	60分钟以上	130～150次/分钟	保证3次有氧操练习,每周1～2次拉伸练习。另外选择1次高强度健美操项目如杠铃操或搏击操
10	有氧拉丁、健身街舞、杠铃操、搏击操、普拉提、瑜伽等多种健美操练习	60分钟以上	130～150次/分钟	保证3次有氧操练习,每周1～2次拉伸练习。另外选择1次高强度健美操项目如杠铃操或搏击操
11	有氧拉丁、健身街舞、杠铃操、搏击操、普拉提、瑜伽等多种健美操练习	60分钟以上	130～150次/分钟	保证3次有氧操练习,每周1～2次拉伸练习。另外选择1次高强度健美操项目如杠铃操或搏击操
12	有氧拉丁、健身街舞、杠铃操、搏击操、普拉提、瑜伽等多种健美操练习	60分钟以上	130～150次/分钟	保证3次有氧操练习,每周1～2次拉伸练习。另外选择1次高强度健美操项目如杠铃操或搏击操

注意事项:(1)科学饮食,多吃蔬菜、水果,少摄入高糖高脂食物。(2)刚开始锻炼时注意循序渐进,第一周运动频率控制在一周3次,以后逐渐增加。持续时间从开始的40分钟到1个半小时逐级增加。(3)始终检测锻炼者心率、血压及体重变化,如发现晨脉变化数日超过3～4次/分钟,体重一周超过3公斤或者血压变化超过10mmHg时,则应该降低运动强度或者停止运动。

2. 健身塑形锻炼者的健美操运动处方

姓名:＊＊＊ 性别:男 年龄:20 职业:学生

健康检查:良好 身高:170cm 体重:57kg;病史:无;

运动负荷测定:安静脉搏:70次/min;血压:70/120mmHg;肺活量:4000ml。

体能测定:力量:俯卧撑:13个/min;耐力:1000m跑4分。

体质评定:健康状况:良好;力量与耐力不佳。

运动目的:提高自身体能素质,增加自身耐力,增加肌肉体积、健美塑形。

处方内容:

周次	运动方式	每次运动持续时间	运动强度	运动频率
1	低强度有氧健身操结合普拉提练习	40分钟左右	心率控制在130次～150次/分钟	隔日运动
2	低强度有氧健身操结合普拉提练习	40分钟左右	心率控制在130次～150次/分钟	隔日运动
3	低强度与高强度有氧健身操、普拉提练习	40～60分钟	140次/分钟左右	3～4次
4	低强度与高强度有氧健身操、普拉提练习	40～60分钟	140次/分钟左右	3～4次
5	有氧健身操,普拉提练习、哑铃或器械练习	60分钟以上	有氧健美操练习时心率140次/分钟左右,力量练习时心率160～170次/分钟	3～4次
6	有氧健身操,普拉提练习、哑铃或器械练习	60分钟以上	有氧健美操练习时心率140次/分钟左右,力量练习时心率160～170次/分钟	3～4次
7	有氧健身操,普拉提练习、哑铃或器械练习	60分钟以上	有氧健美操练习时心率140次/分钟左右,力量练习时心率160～170次/分钟	3～4次
8	有氧健身操、器械练习、哑铃操练习、普拉提练习	1～2小时	有氧健美操练习时心率140次/分钟左右,力量练习时心率160～170次/分钟	保证3次有氧健美操练习,每次持续时间30～40分钟,每周3次器械或哑铃操练习
9	有氧健身操、器械练习、哑铃操练习、普拉提	1～2小时	有氧健美操练习时心率140次/分钟左右,力量练习时心率160～170次/分钟	保证3次有氧健美操练习,每次持续时间30分钟,每周3次器械或哑铃操练习
10	有氧健身操、器械练习、哑铃操练习、普拉提	1～2小时	有氧健美操练习时心率140次/分钟左右,力量练习时心率160～170次/分钟	保证2～3次有氧健美操练习,每次持续时间30分钟,每周3次器械或哑铃操练习

续表

周次	运动方式	每次运动持续时间	运动强度	运动频率
11	有氧健身操、器械练习、哑铃操练习、普拉提	1～2 小时	有氧健美操练习时心率140 次/分钟左右,力量练习时心率 160～170 次/分钟	保证 2～3 次有氧健美操练习,每次持续时间 30 分钟,每周 3 次器械或哑铃操练习
12	有氧健身操、器械练习、哑铃操练习、普拉提	1～2 小时	有氧健美操练习时心率140 次/分钟左右,力量练习时心率 160～170 次/分钟	保证 2～3 次有氧健美操练习,每次持续时间 30 分钟,每周 3 次器械或哑铃操练习

注意事项:(1)科学饮食,多吃高蛋白食物,少摄入高脂食物。(2)不要饭后立即运动,运动后不要马上洗澡、进餐。夏季最好在早上六点后、下午四五点钟运动。(3)始终检测锻炼者心率、血压及体重变化,如发现早晨脉搏变化数日连续超过 3～4 次,体重波动过大(一周超过 3 公斤)或者血压变化超过 10mmHg 时,则应该降低运动强度或者停止运动。运动后注意自我检查。如出现头痛、头晕、胸闷、气急、食欲减退、睡眠不好或脚痛等情况,说明运动量过大。

第四节　健美操运动的健身水平评价

一、初级水平评价

1.学习目标

通过健美操的学习,希望同学们能掌握健美操基本手型、上肢动作及基本步伐,在舒展大方的姿态下,合着音乐,学会初级健美操组合,并能区分不同节奏的健美操音乐。

2.练习评价

在学习的开始阶段,你可能手脚不能很好地协调,顾了脚就不能很好地完成手上动作,有时加上音乐就不能连贯完整地将成套动作跳下来。但经过一定时间的练习,你的协调性便会逐渐提高,这时你的注意力便不会仅停留在脚步动作上,你会发觉手臂动作自如起来,并且会逐渐关注自己的姿态和动作韵味等。当你能较自如跳下初级健美操组合时,你也已在健美操领域里又进了一大步了。通过一段时间的健美操练习,你会发觉你不仅肢体更灵活,而且比以前更开朗、活泼,与同学的关系也更融洽了,浑身洋溢着青春的活力。

达到健美操初级水平要求,能熟练完成健美操初级套路,能在 22～23 拍/10 秒的音乐速度伴奏下进行,步伐准确清晰,膝关节有一定弹性缓冲,上肢动作幅度大而准确。在操练过程中能保持正确身体姿态,动作幅度较大,动作路线与方向把握清楚,能完成转度大于90°的动作,体现健美操"健、力、美"的风格。能区分不同节奏的音乐,并能较准确跟着音乐节奏完成健美操动作,表情较自然,有一些感染力。同时肩、腿及胯有一定的柔韧性。

二、中级水平评价

1.学习目标

通过中级健美操学习,希望同学们对健美操动作有进一步提高,能熟练掌握动作和转度方向较为复杂的健美操套路,并利用简单器械跳健美操。在舒展优美的身体姿态下,跳出熟练和谐的中级健美操组合。通过小组成员合作,集体创编出有特色的健美操。在学习的过程中,进一步培养学生良好的身体姿态和高雅的气质,激发学生对健美操的热情,愉悦身心,并提高人际交往能力。

2.练习评价

达到健美操中级水平要求,要能熟练完成健美操中级套路,能在24~25拍/10秒的音乐速度伴奏下完成健美操。在此基础上进行动作与队形编排,注意动作、方向与路线的准确性。在完成健美操动作中身体姿态固定、准确,能很好地控制身体重心,防止腰部松懈,保持动作的稳定与平衡,使动作更有韵味。技术要领更准确,落地缓冲更协调,动作幅度大,能完成转度大于180°的动作。完成动作时节奏感强,音乐合拍,能表现出不同健美操的风格,有较强感染力。

通过小组成员合作,对已学会的健美操进行基本编排,能编排出5个以上不同队形,并能适当加入第二风格动作,能加入简单造型,并能选择适合健美操的音乐进行伴奏,能编排出自己独特的健美操套路。

三、高级水平评价

1.学习目标

通过对高级健美操的学习,可以对健美操的动作有进一步的提高,加强舞姿的美感与音乐的领悟力,反复练习较为复杂的转体和路线,提高腿部力量,并能完成一些初级难度。能独立创编8×8动作,加强人际交往,并有一定的竞赛组织能力。

2.练习评价

达到健美操高级水平要求,要能熟练完成健美操高级套路、简单的竞技健美操套路或其他风格的健美操,能在26拍/10秒以上的音乐速度伴奏下进行。掌握动作、方向及转度复杂和难度较大的动作,能独立完成8×8健美操动作的创编。在健美操动作过程中能保持完美的身体姿态,很好控制身体重心,能处理跳跃动作中脚步支撑、蹬地、着地等动作的协调配合,转体过程中的平衡和立点,脚步动作轻盈流畅,节奏掌握准确,能更好地完成一些节奏变换动作及转度大于 $360°$ 的动作。体现健美操动作风格,注意头、眼神的运用,使动作更具感染力。能进行简单的音乐剪辑,创编出有特色的健美操组合。具有对不同风格舞蹈表演能力,能欣赏不同水平的国内、国际大赛。能经常参加表演,并能参加校园健美操比赛。

第五节　健美操运动中常见运动损伤的预防与处理

一、健美操运动的损伤

健美操运动损伤是指运动员或健身者在进行健美操训练及练习中所发生的各种损伤。

竞技健美操是一项对体能要求很高的运动项目。它既要求运动员具有极佳的力量,尤其是优秀的爆发力,又要求运动员具有突出的柔韧性,优秀的无氧耐力和动作速度。特别是近年来,高难度动作与过渡连接的加入使关节常处于非正常生理位置,动作高速连续则使得运动员在训练和比赛中更容易出现损伤。竞技健美操运动员损伤主要集中在膝、踝、肘、腕等关节,其中急性损伤与慢性损伤发生的比例差不多,因此运动员在训练与比赛的过程中既要及时处理急性损伤,又要防范慢性损伤的发生。

健身性健美操对练习者的体能要求较低,不论在力量、柔韧、耐力还是速度方面都没有很高的要求,它是以提高练习者心肺功能和身体塑型为主要目的的一项健身运动。但是在健美操的练习中如果技术动作错误、练习方法不当、运动环境不适也会造成一定的损伤。健身性健美操发生损伤的部位多集中在膝、踝、腰背等部位,其中慢性损伤发生的比例更高,相对来说急性损伤发生的比例较小,以踝关节扭伤、韧带拉伤为主。

二、健美操运动损伤的分类

（一）按损伤后皮肤和黏膜的完整性分

运动损伤分为开放性损伤和闭合性损伤两种。开放性损伤即伤处皮肤或黏膜的完整性遭到破坏,有伤口与外界相通,例如擦伤、撕裂伤等。闭合性损伤即皮肤或黏膜没有破损,没有伤口与外界相通。例如肌肉拉伤、关节韧带扭伤等。健美操的损伤一般以闭合性软组织损伤为主,如肌肉与肌腱拉伤、关节扭伤、腱鞘炎和骨膜炎等。

（二）按损伤病史分

分为急性损伤和慢性损伤两种。急性损伤是指在健美操运动中身体瞬间遭受直接冲力或间接冲力而造成的损伤。慢性损伤指身体局部由于过度负荷、多次微细损伤积累而成的受伤,或因为急性损伤处理不当转化而来的陈旧性损伤。

据资料统计,锻炼竞技健美操运动造成的损伤,急性的占 55％以上,慢性的占 25％,其余 20％是急性和慢性损伤并存。

三、健身性健美操运动损伤的原因

1.科学健身的意识较弱

很多人认为健身性健美操对体能要求不高,因此运动中出现危害的可能性不大,于是在进行练习的时候便降低了损伤防范意识,不能积极采取各种预防措施。特别是刚开始学习健美操的人由于缺乏练习经验,盲目或冒失地进行练习,或在练习中畏难、紧张以及犹豫不决,这都是造成受伤的重要原因。

2.准备活动不适当

统计资料表明,缺乏准备活动或准备活动不适当,是造成受伤的首要原因。准备活动能够将人体植物性神经系统与运动神经系统统一协调地调动起来,使其能够达到预期水平,满足人体运动中的机能需求。另外,准备活动还能够提高身体温度,降低肌肉与韧带的粘滞性,增加关节运动幅度。

准备活动不适当,一般表现为以下几种情况:

(1)不做准备活动。在静止状态下,神经系统和身体各器官系统没有被动员起来,此时肌肉、韧带没有活动开,身体协调性差,直接开始健美操运动容易发生软组织拉伤和关节扭伤。

(2)准备活动不充分。准备活动做得不充分,神经和其他器官系统的兴奋性尚未达到适宜水平就开始练习。

(3)准备活动与练习脱节。准备活动所能调动的主要肌肉群、关节与身体机能与健美操练习所需要的这些动能不相符合。

(4)准备活动的量过大。身体在进入正式训练前已感疲劳。正式练习时身体机能不能处于最佳状态而有所下降,身体在疲劳状态下大运动量练习容易受伤。

(5)准备活动距正式练习时间过长。开始练习时准备活动引起的生理反应已减弱或消失。一般情况下准备活动最好与正式练习间隔 10 分钟左右,最迟不能超过半个小时。否则准备活动所产生的运动痕迹就会消失。

3.违背科学健身原则

科学健身需要严格遵守区别对待、系统性和循序渐进的原则。这些原则的应用不仅对健身效果起到正面的作用,也能有效预防运动损伤。

(1)区别对待原则:不同性别、不同年龄和不同身体状况的练习者在解剖结构和生理功能上各不相同,即使同一年龄、同一性别的人,在身体发育和身体机能上也存在相当大的差异,因此在练习时要区别对待,坚持个体化原则。

（2）系统性原则：健身者只有坚持不间断地系统训练，才能形成正确的动作技能，不断提高身体训练和技术训练水平，才能达到理想的运动效果。

（3）循序渐进原则：不论是一次性练习还是系统长期的健身过程，练习者都要坚持循序渐进的原则，让身体机能有个适应、提高与放松的过程。不能一蹴而就，否则极易发生损伤。

4. 身体状态不佳

睡眠或休息不好，患病带伤或伤病初愈以及身体疲劳时，生理功能和运动能力下降，此时参加健美操锻炼很容易因肌力较弱、身体协调性差而受伤。

5. 环境因素

（1）练习场地太滑、太硬、不平整，练习器械失修或维护不良、器械安装不牢固、缺乏必要的防护器具以及练习时服装鞋袜等不适宜等，都可能成为受伤的原因。

（2）不良气象因素的影响。例如，气温过高，易发生中暑和疲劳；气温过低，肌肉粘滞性增加，导致肌肉僵硬，身体协调性下降；潮湿高温易大量出汗，身体盐分减少，容易发生肌肉痉挛或虚脱；光线不良使人反应迟钝等等。

四、竞技健美操运动损伤的原因

1. 基础训练水平不足

竞技健美操运动发生损伤与身体素质训练、专项技术训练以及心理素质等有着密切的关系。身体素质不良时，肌肉力量和弹性差、反应迟钝、关节的活动范围小且稳定性也较弱，因而容易导致损伤；专项技术水平低，往往会使运动员做出超出能力及安全范围的动作，更容易导致损伤；心理素质低的运动员在完成高难动作的时候产生犹豫、紧张及害怕的情绪，而导致动作变形，也是运动损伤的重要原因。

2. 运动员竞技状态不良

运动员疲劳、患病、病后康复阶段以及心理状态不佳都可能是产生运动损伤的诱因。尤其是运动员疲劳或者过度疲劳时，其力量、速度、柔韧、灵敏、耐力等身体素质都会有明显的下降，注意力和警觉性下降，机体反应迟钝。在这种情况下如果还继续高强度的训练或者比赛，极容易发生损伤。

3. 训练、竞赛组织不当

在进行竞技健美操训练与比赛时缺乏医务监督或者不听取医师的意见，带病参加训练与比赛、教练员违背科学训练原则、保护方法不当或未给予保护帮助、竞赛场地器材不科学，临时改变比赛时间、场地等赛事组织不当都会导致损伤的发生。

4. 未进行准备活动或准备活动不合理

竞技健美操运动对准备活动的要求更高，科学的运动量、时间以及间隔不仅是竞技水平发挥的保障，更是避免训练、比赛过程中发生损伤的有效途径。

五、健美操运动损伤的预防

"最好的治疗就是预防",为了减少健美操运动损伤的发生,应有针对性地进行预防措施。

1.遵守科学合理的训练原则

科学安排训练与练习是预防损伤的基础,在运动过程中容易导致损伤的原因大多数都是与运动负荷有关,过度负荷和过度疲劳都极容易引起运动损伤。因而在健美操锻炼中应合理安排适合自己身体状况及运动能力的运动负荷。

2.加强活动前的准备活动和运动后的整理活动

(1)科学的准备活动可以提高体温,降低肌肉的粘滞性,增加关节的运动幅度,减轻紧张感和压力感,调整运动员的情绪,从而起到防止运动损伤的作用。忽视准备活动的话,很容易发生肌肉拉伤、踝关节扭伤以及腰扭伤等情况。

全面合理的准备活动都是由一般性和专项性两种类型准备活动组成。一般性的准备活动包括慢跑、跳、拉伸、力量练习等。专项性的准备活动是指从事健美操训练和健身所涉及的人体关节部位运动。例如竞技健美操运动员在比赛前和训练前的难度动作练习以及成套动作操练。

健身者在进行健美操练习的时候,准备活动的时间可维持在 10～20 分钟,而竞技健美操运动员的准备活动要保证在 30 分钟以上。有些出汗但不感觉到疲劳是主观测定准备活动适宜强度的一个指标。准备活动与正式运动的时间间隔不宜太长,一般是正式运动前 10～15 分钟最佳。

(2)整理活动是消除疲劳、促进体力恢复的良好方法。整理活动一般都是小运动量练习,比如慢跑以及低强度的有氧健身操或者呼吸体操。在竞技健美操训练结束时增加一些有氧健身操活动,不仅可以调节运动员的身体机能,降低运动强度,还可以增加训练的趣味性。而健身者可以在健美操练习结束时进行低强度的呼吸体操以及各个运动肌群的拉伸练习,既可以消除局部肌肉的轻微痉挛、改善肌肉血液循环、消除局部疲劳,又可以减轻肌肉酸痛,避免肌肉僵硬和慢性劳损的发生。

3.提供安全的运动训练与健身环境

竞技健美操训练对场地要求非常严格,坚硬、湿滑或过于干涩的场地都会造成运动员急性损伤与慢性劳损的发生,最好能够在专业的健美操板上进行训练。在进行单独的难度动作练习时,要提供正确的防护器材和保护帮助。例如运动员应该在较厚较软的垫子上练习俯卧类难度,在运动员腾空时教练员进行保护帮助,防止运动员落地失控。健身者在进行健美操练习的时候也应该选择硬度和光滑度合适的场地进行练习。过于坚硬和干涩的场地会严重损害练习者的膝关节和踝关节,而过于光滑的场地比较容易发生急性的扭伤。另外健身者还应选择安全、适宜的运动装备进行健美操练习,最好能穿较软并适宜旋转的运动鞋,穿着具有良好弹性的运动服或舞蹈服。

4.加强医务监督

(1)定期并按需要进行体格检查。尤其是对患有心血管疾病和特别体弱的健身者,根据个体机能特征以及健美操专项特点对易发病部位进行针对性检查。

(2)加强自我监督。运动员和健身者在了解自身身体状况的情况下安排运动训练和健身活动,并记录运动过程中的身体反应,及时反馈给教练员、健身指导员或教师,进而及时调整训练计划和健身计划。

六、常见健美操运动中的损伤及处理

(一)踝关节扭伤

踝关节扭伤是关节韧带损伤率中占第一位的,也是健美操运动最常见的损伤之一,如果治疗不当,很容易发生反复扭伤和习惯性扭伤。如果脚踝力量差,踝关节活动范围小,那么发生踝关节扭伤的可能性就更大。

1.踝关节扭伤的发生机制与症状

踝关节过度内翻、外翻等均会造成踝关节韧带损伤。踝关节轻度扭伤为韧带附着处骨膜撕裂;较重的为韧带纤维部分撕裂;严重的踝关节扭伤可能出现韧带完全断裂,或伴有撕脱骨折或距骨半脱位。

踝关节损伤后踝关节外侧或内侧疼痛,走路及活动关节时最明显。踝关节局部有明显压痛,外侧或内侧出现迅速的局部肿胀,并逐渐蔓延至踝前部及足背,将会出现皮下淤痕,以伤后2~3天最明显。

2.踝关节扭伤的预防

平时应注重足踝部肌肉力量和踝关节的稳定性、协调性的练习,如负重提踵、拉伸练习、足尖走路等。训练或比赛前应做好准备活动,完善场地设施,培养和提高自我保护的能力,做危险动作或有踝关节急性扭伤史的练习者最好穿戴护踝装备。

3.踝关节扭伤的处理

伤后不能随意转动踝部,避免加重损伤。如果没有骨折,立即冷敷,加压包扎,抬高患肢,并适当固定休息,外敷伤药。固定时应将损伤韧带置于松弛位。受伤24~48小时后,在踝关节周围轻轻地进行推拿按摩治疗。在解除固定后,可在医生和教练的指导下进行功能恢复锻炼。

(二)胫腓骨疲劳性骨膜炎

1.胫腓骨疲劳性骨膜炎的发生机制与症状

胫腓骨疲劳性骨膜炎对于健美操初学者来说发病率较高。由于健美操运动需要不停地进行脚踝的弹动和跳跃动作,使得胫腓骨受到剧烈的冲撞,导致骨膜反复受到牵拉,刺激骨膜引发非细菌性炎症。另外,过度疲劳,腿部肌肉、肌腱僵硬,天气较冷以及没有做好充分的准备活动时都更容易引起这种损伤。

胫腓骨疲劳性骨膜炎的具体症状是:疼痛、明显压痛、骨膜下水肿等。

2.胫腓骨疲劳性骨膜炎的预防

(1)注意运动强度,防止过度疲劳时进行基本步法和跳跃类练习;

(2)学会缓冲,落地时应注意脚踝与膝盖的缓冲动作,减小与地面的直接冲撞;

(3)运动前充分活动开下肢的肌肉和肌腱;

(4)不要在坚硬的场地上进行训练与长时间的健身操练习。

3.胫腓骨疲劳性骨膜炎的治疗

(1)要停止大运动量的练习,避免进行下肢步法和跳跃类难度练习,休息几天就会好转。

(2)每天用 40～50℃的温水浸泡患处半小时,或用热水袋、热毛巾局部热敷,并用绷带将小腿下部包扎起来,促进血液循环,加快渗出物的吸收。

(3)病情严重的要完全休息,待彻底治愈后再进行锻炼。

(三)韧带损伤

1.韧带损伤的发生机制与症状

韧带损伤是指用力过大、过度牵伸而导致不同程度的韧带纤维附着处的断裂。健美操运动中的韧带损伤多发生在肩关节、腕关节、髋关节、膝关节和踝关节。

轻度损伤:韧带有小部分被拉长或拉断,产生轻微的疼痛和局部水肿。

中度损伤:大量的韧带纤维被撕裂和分离,有一定程度的功能丧失,有明显的疼痛、水肿,可能发生肌肉僵硬。

重度损伤:多发生在竞技健美操运动中。在进行动力性力量类难度和柔韧类难度的时候,韧带过度牵伸超过极限,韧带完全撕裂和分离,并完全丧失其功能,由于神经可能受损,疼痛很快会消失,伴有严重的水肿。

2.韧带损伤的预防

多加强踝关节、腕关节和膝关节等周围的肌肉力量的练习和关节活动范围练习。在进行难度动作练习时,可以用保护带、护腕、护踝等进行保护帮助。另外运动前做好充分的准备活动,牵拉需要练习的肌肉与韧带,加强练习环节所以肌肉与韧带的弹性。

3.韧带损伤的治疗

对于轻度韧带损伤,治疗方法主要是止痛与加快消肿。进行局部冷敷、加压包扎、抬高伤肢 24～48 小时后对受伤部位周围进行热敷或按摩。

中度损伤的治疗关键是制动,使韧带处在避免牵拉的位置,以便加速愈合。一般早期手术修补者经过 6～8 周才能完成良好的愈合。损伤 2～3 周时淤血、肿胀基本消退,关节稳定,无疼痛感,但是韧带并不如受伤前有力。此时进行运动和训练很容易引起韧带再次断裂。

对于重度损伤,则应在损伤早期通过手术将韧带断端良好对合,以确保其愈合。

(四)腘肿肌拉伤

1.腘肿肌拉伤的发生机制与症状

肌肉拉伤是竞技健美操项目中常见的运动损伤,发生的主要部位是腘肿肌。肌肉在做猛烈收缩和被动牵拉时,其力量超过了肌肉本身所承担的拉力或肌肉用力牵引时超过了肌肉本身特有的伸展程度,从而引起拉伤。例如大踢腿和躯体分腿跳时,腘肿肌就比较容易拉伤。

轻度拉伤时只有少数的肌纤维被拉长和撕裂,而周围的筋膜完好无损。运动时感到疼痛,但仍可以运动。

重度拉伤时有较多数量的肌纤维断裂,筋膜可能有撕裂,锻炼者可能感到"啪"一声拉断的感觉。伤处常可摸到肌肉与肌腱连接处略有缺失和下陷的感觉。在撕裂处周围由于出血,可能发生水肿。重度拉伤时肌肉完全被撕裂,基本上不能再运动。受伤后首先产生剧烈的疼痛,但疼痛很快就会消退,因为此时神经纤维也被损伤了,这时一般需要进行外科手术来治疗。

2.腘肿肌拉伤的预防

训练前要做好准备活动,做好腘肿肌的拉伸练习,切忌用力过猛;锻炼时要注意观察肌肉的反应,肌肉一直处于僵硬状态时,也极容易受伤;肌肉拉伤后重新训练时要循序渐进,切勿操之过急,并要加强局部保护,防止再度拉伤;平时应注意加强大腿屈肌群的力量和柔韧练习,伸屈肌群力量不能平衡和协调时更容易发生损伤。

3.腘肿肌拉伤的治疗

轻度拉伤者,应立即给予冷敷,局部加压包扎,并抬高患肢,外敷中草药。肌肉大部分或者完全断裂者,在加压包扎后立即去医院进行手术缝合。

(五)腱鞘炎

1.腱鞘炎的发生机制与症状

腱鞘就是套在肌腱外面的双层套管样密闭的滑膜管,是保护肌腱的滑液鞘。但是肌腱和腱鞘间长期、快速、用力的摩擦,会使两者发生损伤和水肿,引起炎症。这情况便称为腱鞘炎。若不治疗,便有可能发展成永久性活动不便。常见的有腕部的桡骨茎突狭窄性腱鞘炎、屈指肌腱腱鞘炎以及足底的屈趾肌腱腱鞘炎等。竞技健美操运动员要做大量高强度的俯撑类动作,如没有注意手指的缓冲动作,会使手掌直接冲撞地面,使腕关节处于过度屈伸状态,就更容易发生手腕部位的腱鞘炎。

腱鞘炎一般起病缓慢,最初的症状是早晨起床时,手腕部位发僵、疼痛,但是活动开以后症状可以逐渐消失。以后发展到持续的疼痛,严重的时候会伴有弹响或闭锁,如果按压患处会有明显的疼痛。

2.腱鞘炎的预防

腱鞘炎的预防关键是合理安排训练,注意落地时手指的缓冲动作,禁止无缓冲的掌跟着地。运动前后做好充分的热身活动,运动时注意姿态正确,避免关节的过度劳损,定时休息。在有条件的情况下运动后配合按摩和热敷。

3.腱鞘炎的治疗

发病早期应该注意腕关节休息、制动、理疗直到症状消失,以防转变为慢性。疼痛剧烈并伴有肿胀时,可冰块冷敷或外敷伤药消肿止痛。急性期过后伤处外敷腱鞘炎散,也可采用热敷或中药熏洗,每日1~2次。在热敷或熏洗的同时做关节伸展运动,并配合按摩效果更好。而病史长,腱鞘增厚而绞索严重者,保守治疗无效,则需手术治疗。

(六)腰背肌劳损

1.腰背肌劳损的发生机制与症状

健美操运动中,练习者身体姿势长期不良,或者跳跃类难度落地时后仰,人体的竖脊肌以及深部的小肌肉就会长时间的连续收缩,出现肌细胞内的代谢紊乱,形成无菌性炎症,引起腰痛,导致腰肌劳损。有些腰背肌肉劳损是因为急性腰背扭伤后没有及时有效的治疗,造成韧带、筋膜与肌肉的反复性损伤,也会形成慢性的腰背肌劳损。

腰背肌劳损明显的表现为腰部酸痛,弯腰较困难,劳累、久站以及过度训练时疼痛会增加;休息后酸痛会缓解,适当活动或变换体位可缓解腰痛。腰部外观多无异常,有时出现生理性前屈变浅。

2.腰背肌劳损的预防

纠正不正确的训练、习惯和体位,避免长期使腰背肌处于紧张状态的前屈活动。平时应坚持腰腹肌力量练习,练习中注意向心收缩练习与离心收缩练习相结合。运动结束后要做腰部肌肉的牵伸动作,放松腰部。另外在进行难度动作练习的时候强调动作的规范性,尤其是在完成下肢负重练习时,注意挺胸、收腹、立腰;练习跳跃难度时,防止身体过早展开,造成后仰落地。同时注意在风寒、潮湿、阴冷环境的保暖除湿。

3.腰背肌劳损的治疗

急性损伤发生3~4周内要休息调整,不能继续参加大强度的训练,防止急性损伤转化成劳损。最后还要配合热疗、按摩等物理手段放松腰背部肌肉,促进血液和淋巴液循环,减少疼痛。

(七)肌肉痉挛

1.肌肉痉挛的发生机制与症状

肌肉痉挛,俗称抽筋,是肌肉持续不自主的强直收缩,最易发生痉挛的肌肉是小腿腓肠肌,其次是足底的屈拇肌和屈趾肌。竞技健美操运动员在进行难度训练和力量练习的时候较易出现肌肉痉挛,而普通健身者一般在极度疲劳的时候才会发生肌肉痉挛。

肌肉痉挛原因一般是:①天气炎热或进行长时间剧烈活动时,人体由于大量排汗使体内电解质丢失,使肌肉兴奋性增高,肌肉易发生痉挛。②运动时,由于肌肉快速地连续收缩,放松的时间太短,导致肌肉僵直,不能放松,从而发生肌肉痉挛。③肌肉疲劳或者有轻微损伤的时候,也会引起该肌肉痉挛。

肌肉发生痉挛时,局部肌肉坚硬或隆起,发生持续不自主的强直收缩,会剧烈疼痛,且短时间不易缓解。

2.肌肉痉挛的预防

做好充分的准备活动和拉伸练习可以有效地预防肌肉痉挛。寒冷环境下进行训练和健身的时候要注意保暖,夏季锻炼时要注意适当补充淡盐水及维生素 B1 等。此外,要科学安排训练和健身时的运动负荷,防止过度疲劳。

3.肌肉痉挛的治疗

治疗肌肉痉挛的比较常用方法是缓慢而持续地牵拉痉挛肌肉,使之放松并拉长。持续强直收缩后可以进行适当的按摩,如重推、揉、揉捏、按压,以促使痉挛解除。例如腓肠肌痉挛时,先让患者平坐或仰卧,伸直膝关节,牵引者双手握住患者足部并抵于牵引者的脚掌和脚趾缓慢地向上扳,切忌用力过猛。

学以致用

1.什么是力量素质?它包括哪些内容?简述在发展力量素质时应注意哪些问题。

2.什么是耐力素质?它包括哪些内容?简述在发展耐力素质时应注意哪些问题。

3.简述柔韧素质常见的训练手段有哪些。

4.健美操健身效果有哪些评价指标?

5.健身效果评价方法有哪些?

知识拓展

1.普拉提和瑜伽有着本质的区别。

从运动理念上讲:起源于古代印度的瑜伽注重通过身心合一的练习达到身体与自然和谐的境界。而起源于西方德国的普拉提则强调身体肌肉和机能的训练,体现出了西方人的健身理念。

从练习形式上讲,普拉提强调动作的连续流畅;瑜伽则是形成一个姿势后,注重保持一定的呼吸次数。

从练习目标来讲:瑜伽的体位法中有很多姿势是模仿动物的姿态,它的一些挤压扭转动作主要针对人体内脏进行练习;而普拉提则注重肌肉本身运动和呼吸调控,它的练习目标集中于肌肉。

2. 女生经期还可以参加健美操锻炼吗?

因人而异,要根据自己的健康状况、身体训练水平和对运动的适应程度决定。一般身体健康、月经正常者,在经期是可以进行锻炼的,但需要注意运动量不宜过大,拉伸动作幅度不宜过大,避免过多的跳跃动作和垫上动作。如果在经期或之前有强烈的身体反应,还是建议参加健美操锻炼,只是运动量可以更小一些,动作幅度也可以减小,因为适量的运动可以调节神经,舒经活血,分散疼痛的注意力,起到缓解的作用。

第四章 健美操运动技术

应知导航

通过对初级和中级健美操的练习,使同学们从初步掌握健美操的基本元素迈向成功进行健美操锻炼之门。如果你能完成高级健美操的练习,你已为成为一名健美操运动员打下良好的基础。本章中一些其他类型的健美操介绍,可以丰富同学的知识面,也可用于一些表演。

第一节 初级健美操

一、健美操范例

第一组
预备:直立。

1   2   3   4

5   6   7   8

图 4-1-1

节　拍		下肢步伐	上肢动作
一	1—4	右脚 V 字步右转 90°	1—右臂斜上举, 2—左臂斜上举, 3—右手叉腰, 4—左手叉腰
	5—6	右脚上步, 左腿前吸	5—两臂肩侧屈, 掌心向前, 6—胸前击掌
	7—8	左脚上步, 右腿前吸	7—8同5—6

第二个八拍:

1   2   3   4

5   6   7   8

图 4-1-2

节　拍		下肢步伐	上肢动作
二	1—6	右脚 baby mambo	1—3 两臂经斜上举,握拳屈肘右手在前左手在后,4—6 经侧平举,握拳屈肘左手在前右手在后
	7—8	左转 90°	双臂自然落下

第三个八拍:

图 4-1-3

节　拍		下肢步伐	上肢动作
三	1—4	左脚后交叉步	1—两手握拳,两臂侧平举,2—两臂体前交叉,同 1—,4—还原
	5—8	同 1—4,方向相反	同 1—4

第四个八拍:

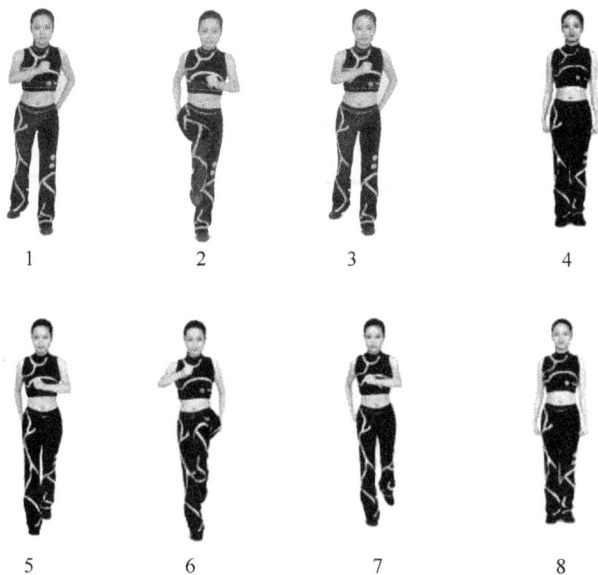

图 4-1-4

节	拍	下肢步伐	上肢动作
四	1—4	左脚上步,右腿前吸	两手握拳,两臂自然摆动
	6—8	同1—4,方向相反	同1—4,方向相反

（五）—（八）同（一）—（四），方向相反

第二组

第一个八拍：

5   6   7   8

图 4-1-5

节　拍		下肢步伐	上肢动作
一	1—2	右脚向侧一步,左腿后屈	两臂经体前交叉,屈肘后摆
	3—4	同 1—2,方向相反	同 1—2
	5—6	右脚左斜 45°1/2mambo	握拳,屈肘右臂在前,左臂在后
	7—8	向右侧恰恰步	两臂侧平举

第二个八拍：

1   2   3   4

5—6   7—8

图 4-1-6

节	拍	下肢步伐	上肢动作
二	1—2	左脚右斜 45°1/2mambo	握拳,屈肘左臂在前,右臂在后
	3—4	向左平转 360°	握拳,双臂侧下举
	5—6	左脚侧弓步	左臂侧上举,右臂侧下举
	7—8	右脚并左脚	两臂还原

第三个八拍:

图 4-1-7

节	拍	下肢步伐	上肢动作
三	1—4	左脚 1 字步	1—左臂胸前屈,2—右臂胸前屈,3—胸前击掌,4—还原
	5—8	左脚 A 字步	5—左手握拳斜后下举,6—右手握拳斜后下举,7—左手握拳置腰间,8—右手握拳置腰间。

第四个八拍：

1　　　　　　　2　　　　　　　3　　　　　　　4

5—6　　　　　　　　　　　　　7—8

图 4-1-8

节　拍		下肢步伐	上肢动作
四	1—4	左脚十字步	1—握拳，左臂侧平举，右臂胸前屈 2—右臂侧平举，左臂胸前屈，方向相反 3—握拳，左臂侧平举，右臂胸前屈 4—还原
	5—6	左右脚依次打开	两臂侧下举
	7—8	左右脚依次还原	还原至体侧

（五）—（八）同（一）—（四），方向相反

第三组

第一个八拍：

图 4-1-9

节　拍		下肢步伐	上肢动作
一	1—4	右脚开始向前走三步,吸左腿	1—3 双臂自然摆动, 4—前平举,立掌
	5—6	5—左脚侧一步,半蹲 6—左脚收回成直立	5—两臂打开成侧平举,立掌 6—前平举,立掌
	7—8	同 5—6,方向相反	同 5—6

第二个八拍：

1   2   3   4

5   6   7   8

图 4-1-10

节　拍		下肢步伐	上肢动作
二	1—4	1—两脚开立 2—左转 45°,吸左腿 3—左脚后点地 4—同 2	1—双手握拳侧平举屈肘 2—双手交叉 3—斜后举 4—同 2
	5—8	同 1—4 方向相反	同 5—8

第三个八拍：

图 4-1-11

节	拍	下肢步伐	上肢动作
三	1—8	右脚开始小马跳四次,同时转体 360°(每次转体 90°)	1—2 握拳,左臂上举右臂下举 3—4 右臂上举左臂下举 5—8 同 1—4

第四个八拍：

图 4-1-12

节	拍	下肢步伐	上肢动作
四	1—4	1—右脚向右斜前方一步， 2—4 左腿前吸两次	1—两臂前举冲拳，2—收回置腰间，拳心向上，3—4 同 1—2
	5—6	同 1—2，方向相反	同 1—2
	7—8	7—右脚向侧一步 8—左脚并右脚	7—两臂侧举 8—还原

（五）—（八）同（一）—（四），方向相反

第四组

第一个八拍：

| | 1 | 2 | 3 | 4 |

| | 5 | 6 | 7 | 8 |

图 4-1-13

节　拍		下肢步伐	上肢动作
一	1—2	右脚跟前点地	两臂前举,立掌
	3—4	右脚后点地	两手握拳,后下举
	5—6	开合跳 1 次	两臂侧平举,握拳
	7—8	同 5—6	同 5—6

第二个八拍：

| | 1 | 2 | 3 | 4 |

5　　　　　6　　　　　7　　　　　8

图 4-1-14

节　拍		下肢步伐	上肢动作
二	1—2	右腿侧吸向左前点地	两臂经侧上举至胸前平屈
	3—4	经吸腿还原	两臂经侧上举还原
	5—8	后踢腿跑 4 次,同时向右转 360°	两臂自然摆动

第三个八拍:

1　　　　　2　　　　　3　　　　　4

5　　　　　6　　　　　7　　　　　8

图 4-1-15

节 拍		下肢步伐	上肢动作
三	1—2	左脚向侧一步成右弓步	左手向右斜前方冲拳,右手握拳至腰间
	3—4	同1—2,方向相反	1—2,方向相反
	5—8	同1—4	同1—4

第四个八拍:

图 4-1-16

节 拍		下肢步伐	上肢动作
四	1—8	同(二),方向相反	

(五)—(八)同(一)—(四),方向相反

二、拉丁操范例

第一组
第一个八拍:

图 4-1-17

节　拍		下肢步伐	上肢动作
一	1—2	右脚向前 1/2mambo	手臂自然摆动
	3—4	原地恰恰摆髋	
	5—8	同 1—4,换左脚	

第二个八拍:

图 4-1-18

节　拍		下肢步伐	上肢动作
二	1—2	1—右脚向前一步 2—左转 180°	手臂自然摆动
	3—4	同 1—2	
	5—6	5:同 1 6:重心后移	
	7—8	原地恰恰摆髋	

第三个八拍：

图 4-1-19

节　拍		下肢步伐	上肢动作
三	1—2	左脚向右前 45°1/2mambo	左手臂自然弯曲向前摆动,右臂后摆
	3—4	向左恰恰步一次	双臂体前交叉经上打开成侧平举
	5—8	向左平转 720°	手臂胸前平屈

图 4-1-20

节　拍		下肢步伐	上肢动作
四	1—8	同(三),方向相反	

（五）—（八）同（一）—（四），方向相反

第二组

第一个八拍：

图 4-1-21

节　拍		下肢步伐	上肢动作
一	1—	右脚前点,向左摆髋	右臂侧上举,五指张开,掌心向外,左手五指分开放在右髋上
	2—	同1,方向相反	同1,方向相反
	3—4	同1—2	
	5—6	右脚开始向左后退2步	手臂自然摆动
	7—8	右脚退一步,左脚原地踏一步,右脚上步	手臂自然摆动

第二个八拍:

图 4-1-22

节　拍		下肢步伐	上肢动作
二	1—8	同（一），方向相反	

第三个八拍：

图 4-1-23

节　拍		下肢步伐	上肢动作
三	1—2	右脚向前 1/2mambo	两臂自然摆动
	3—4	后退恰恰步一次	两臂自然摆动
	5—6	左脚后退 1/2mambo	两臂自然摆动
	5—8	向前恰恰步一次	两臂自然摆动

第四个八拍：

图 4-1-24

节	拍	下肢步伐	上肢动作
四	1—	右脚向侧一步摆髋	两臂侧平举
	2—	右脚并左脚	两臂体前交叉
	3—	左脚向侧一步摆髋	两臂侧平举
	4—	左脚并右脚	两臂至体侧
	5—6	右脚向右一步,向前顶髋两次	双臂上举
	7—8	左脚并右脚,向前顶髋两次	两臂至体侧

（五）—（八）同（一）—（四），方向相反

第三组

第一个八拍：

图 4-1-25

节　拍		下肢步伐	上肢动作
一	1—2	右脚向左前方点地,右脚后点,左脚原地踏一步	手臂自然摆动
	3—4	同 1—2	
	5—8	向左交叉步 2 次	

第二个八拍：

图 4-1-26

节　拍		下肢步伐	上肢动作
二	1—2	右脚向前 1/2mambo	两臂自然摆动
	3—4	右转 90°恰恰步一次	
	5—6	右转 90°,同时左脚向前恰恰步一次	
	7—8	右转 180°,同时右脚后退恰恰步一次	

第三个八拍:

图 4-1-27

节 拍		下肢步伐	上肢动作
三	1—2	右脚向右前 45°1/2mambo	右臂前举,右臂侧举
	3—4	向左恰恰步一次	两手侧平举
	5—8	同 1—4 方向相反	同 1—4 方向相反

第四个八拍:

图 4-1-28

节 拍		下肢步伐	上肢动作
四	1—2	右脚向左 1/2mambo	右臂由后向前绕环一周
	3—4	左脚向左恰恰步	两手侧平举,抖肩 3 次
	5—8	同 1—4 方向相反	同 1—4 方向相反

(五)—(八)同(一)—(四),方向相反

第四组

第一个八拍:

图 4-1-29

节　拍		下肢步伐	上肢动作
一	1—2	右脚向前 1/2mambo	手臂自然摆动
	3—4	原地恰恰摆髋	手臂自然摆动
	5—8	同 1—4 方向相反	同 1—4 方向相反

第二个八拍：

图 4-1-30

节 拍		下肢步伐	上肢动作
二	1—2	右脚向侧一步顶髋,同时左转 90°	右臂侧平举,五指分开,左手叉腰
	3—4	向右恰恰步	手臂自然摆动
	5—8	同 1—4 方向相反	同 1—4 方向相反

第三个八拍:

图 4-1-31

节 拍		下肢步伐	上肢动作
三	1—2	右脚 1/2 十字步	手臂自然摆动
	3—4	右脚后退,左脚后退,右脚原地踏步一次(成开立)	
	5—8	同 1—4 方向相反	同 1—4 方向相反

第四个八拍:

图 4-1-32

节 拍		下肢步伐	上肢动作
四	1—	右脚向右一步	右臂侧上举
	2—	左脚向左一步	左臂侧上举
	3—	体前屈,含胸半蹲	两手握拳至体前
	4—	上体直立,半蹲	
	5—7	含展胸三次	手臂肩上侧屈,五指分开,掌心向前
	8—	还原成站立姿势	

(五)—(八)同(一)—(四),方向相反

第二节　中级健美操

一、健美操范例

组合一

预备:

第一个八拍：

图 4-2-1

节　拍		下肢步伐	上肢动作
一	1—2	向右侧并步跳一次	立掌由内向外推出
	3—4	向左转身 270°	两臂放置体侧
	5—6	吸左腿跳	手臂自然摆动
	7—8	7—左脚落下,右摆腿跳 8—左转 90°,右脚落下在左脚前交叉,面朝正前方	7—双手侧平举 8—左手上举右手放在体侧

第二个八拍：

图 4-2-2

节 拍		下肢步伐	上肢动作
二	1—2	1—左脚侧点 2—吸左腿,同时左转180°	1—两手握拳,左臂向内绕环至侧平举,右臂侧平举 2—两臂体前交叉,握拳
	3—4	左脚向侧一步,屈右腿	两臂屈肘侧举
	5—6	右脚向左斜前 mambo	两臂自然摆动
	7—8	右转90°	还原

第三个八拍:

图 4-2-3

节 拍		下肢步伐	上肢动作
三	1—2	左脚向左斜前并步跳一次	屈肘,右臂在前,左臂在后
	3—4	右脚向右斜前并步跳一次	屈肘,左臂在前,右臂在后
	5—8	V 字步转体 180°	左手前平举,右手侧平举 8—还原至体侧

第四个八拍:

图 4-2-4

节	拍	下肢步伐	上肢动作
四	1—2	左脚脚跟点地	右臂在前,左臂在后自然摆动
	3—4	右转90°	左臂向前自然摆
	5—8	5—左脚侧点 6—左腿屈膝转180° 7—左脚侧点 8—还原	5—双手侧平举 6—双手交叉上举 7同5 8还原

(五)—(八)同(一)—(四),方向相反

组合二

第一个八拍:

1	2	3	4
5	6	7	8

图 4-2-5

节	拍	下肢步伐	上肢动作
一	1—4	右脚向前走十字步一次	1 右臂斜上举,左手叉腰,两手握拳 2 左臂斜上举 3 右手叉腰 4 左手叉腰
	5—8	5—7V字步转身180° 8—左腿后屈	5 右臂肩侧屈,左手不动 6 左臂肩侧屈 7—8 两手体前击掌

第二个八拍：

1 2 3 4

5 6 7 8

图 4-2-6

节 拍		下肢步伐	上肢动作
二	1—4	左脚开始向前三步，吸右腿同时左转180°	1—3 两臂经体前由上而下至肩侧屈 4— 两手胸前击掌
	5—8	5—7 右脚后交叉步一次 8—左腿后屈	5—双臂侧平举，握拳 6—体前交叉 7—8 侧平举

第三个八拍：

1 2 3 4

图 4-2-7

节 拍		下肢步伐	上肢动作
三	1—2	左脚向右斜前 1/2mambo	左臂在前,右臂在后,自然摆动
	3—4	左脚落地,右腿侧摆	双手侧平举
	5—6	5—向左转体 180°,同时向右钟摆跳一次 6—向左钟摆跳一次	5—左臂上举,右臂还原至体侧 6—右臂上举,左臂还原至体侧
	7—8	7—左前踢腿跳一次 8—吸右腿	7—左臂向前平举,右臂还原至体侧 8—右手握拳胸前平屈,左臂还原

第四个八拍:

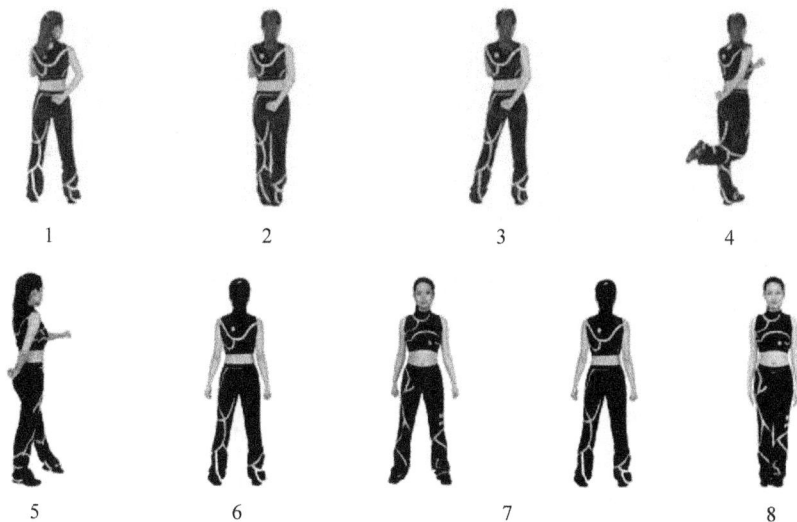

图 4-2-8

节 拍		下肢步伐	上肢动作
四	1—2	右脚向右恰恰步	两手握拳,左臂胸前屈肘,右臂屈肘后摆
	3—4	左脚向右斜前方 1/2mambo	两手握拳,前后自然摆动
	5—7	左脚向左平转 540°	双手放至体侧保持不动
	8—	还原	还原

(五)—(八)同(一)—(四),方向相反

组合三

第一个八拍:

图 4-2-9

节 拍		下肢步伐	上肢动作
一	1—2	1—右脚向前跳一步,同时左腿侧摆 2—左脚在右前交叉	1—左臂前平举,五指分开,掌心向前,右手腰间握拳 2—右手在前自然摆动
	3—4	踏步 2 次(走弧线),同时右转 180°	手臂自然摆动
	5—6	右脚向侧恰恰步一次	左臂屈肘在体前,右臂屈肘在体后
	7—8	向右平转 360°	双手放至体侧,保持不动

第二个八拍：

图 4-2-10

节	拍	下肢步伐	上肢动作
二	1—2	左脚上步吸右腿	左臂屈肘在体前,右臂自然摆动
	3—4	右脚退步吸左腿	右臂屈肘在体前,左臂自然摆动
	5—6	5—向左跳体180°,同时右腿侧摆 6—左腿侧摆	5—双臂侧平举 6—双臂上举交叉
	7—8	7—左弓步跳 8—还原	7—左臂上举,右臂胸前屈肘,花掌,掌心向内 8—还原

第三个八拍：

图 4-2-11

节 拍		下肢步伐	上肢动作
三	1—5	右脚向左斜 45°baby mambo	1—2 两手握拳，右臂胸前平屈，左臂屈肘自然摆动 3—双臂侧平举 4—5 左臂胸前平屈，右臂屈肘自然摆动
	6—8	左转 360°	6—7 两臂侧下举 8—右臂胸前平屈，左臂屈肘自然摆动

第四个八拍：

图 4-2-12

节	拍	下肢步伐	上肢动作
四	1—4	向右转体 360°	1—3 双手握拳,侧下举 4—还原
	5—6	开合跳一次	5—两臂侧平举 6—还原至体侧
	7—8	弹踢跳一次	7—两臂前平举 8—还原

(五)—(八)同(一)—(四),方向相反

组合四

第一个八拍:

1　　　2　　　3　　　4

5　　　6　　　7—8

图 4-2-13

节	拍	下肢步伐	上肢动作
一	1—4	1—3 右脚开始脚跟点地跳 3 次 4 左腿后屈	1—3 两手握拳,两臂屈肘前后自然摆动 4 双手握拳放至体侧
	5—6	左脚向前 1/2mambo,左转 90°	两臂经体前至侧平举
	7—8	向左恰恰恰	双臂放至体侧

第二个八拍：

图 4-2-14

节 拍		下肢步伐	上肢动作
二	1—4	1—2 向左平转 360° 3—4：右脚向左 1/2mambo	1—2 两臂下举 3—4 两手握拳，右臂胸前平屈，左臂体后屈
	5—8	向右平转 540°	两臂还原至体侧保持不动

第三个八拍：

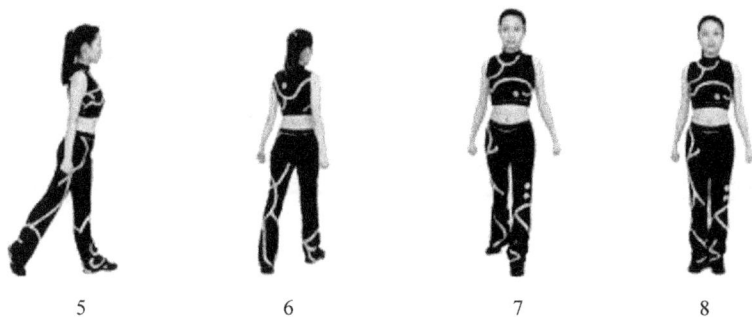

图 4-2-15

节 拍		下肢步伐	上肢动作
三	1—4	1—左脚侧点地成右弓步 2—右吸腿,同时左转90° 3—右脚向后蹬 4—吸左腿	1—左手向前冲拳,右手握拳在腰间 2—双手握拳在腰间 3—双手握拳,两臂向后伸直 4—手臂保持不动
	5—8	踏步4次(走弧线),同时向左转体270°	双手自然摆动

第四个八拍:

图 4-2-16

129

节　拍		下肢步伐	上肢动作
四	1—4	1—左脚向右斜45°一步 2—右腿后屈 3—右脚落下 4—左脚并右脚	1—双手握拳,屈臂胸前交叉 2—左手前平举,右手上举,花掌 3—同1 4—还原至体侧
	5—8	5—两脚开立,屈膝 6—腾空跳起双脚并拢 7—同5 8—双脚并拢还原	5—两臂侧举 6—上举,两手击掌 7—同5 8—还原至体侧

(五)—(八)同(一)—(四),方向相反

二、踏板操范例

第一个八拍:

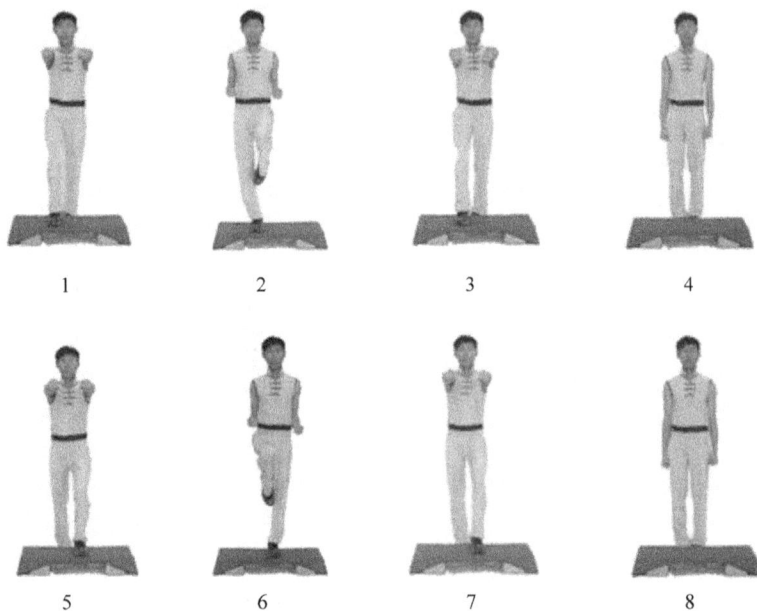

图 4-2-17

节　拍		下肢步伐	上肢动作
一	1—4	1—右脚上板 2—左吸腿 3—左脚下板 4—右脚并左脚	1—两手前平举,握拳 2—双手曲臂握拳在腰间 3—同1 4—还原至体侧
	5—8	反向	同1—4

第二个八拍:

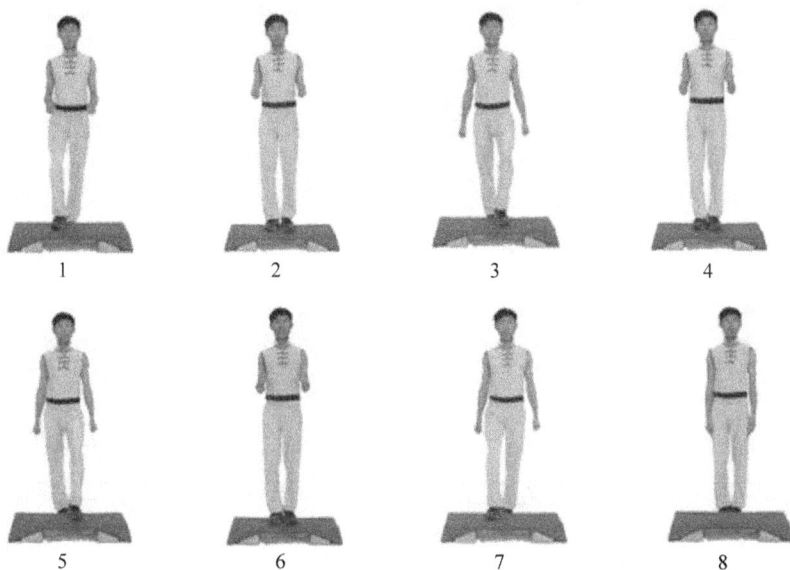

图 4-2-18

节　拍		下肢步伐	上肢动作
二	1—4	1—右脚上板 2—左脚并右脚 3—右脚后点地 4—右脚并左脚	1—双手曲臂握拳在腰间 2—同1 3—手臂向后伸直 4—同2
	5—8	5—左脚后点地 6—左脚并右脚 7—右脚下板 8—左脚并右脚	5—同3 6—同4 7—同5 8—还原至体侧

第三个八拍：

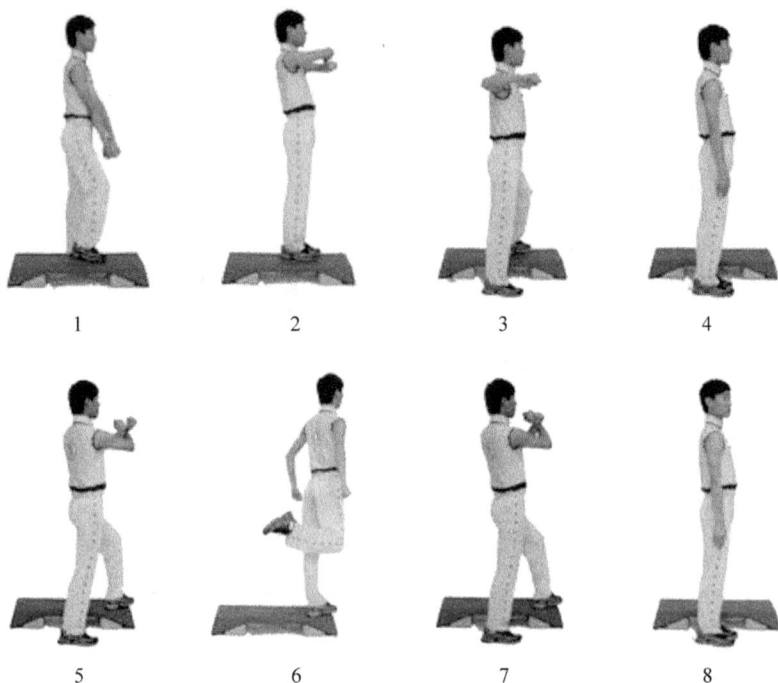

图 4-2-19

节 拍		下肢步伐	上肢动作
三	1—4	1—左转 90°右脚上板 2—左脚并右脚 3—右脚下板 4—左脚并右脚	1—两臂体前交叉 2—胸前平举屈肘握拳 3—打开，两臂侧平举屈肘 4—还原至体侧
	5—8	5—左脚上板 6—右脚后屈 7—右脚下板 8—左脚并右脚	5—屈肘，两臂体前交叉 6—向后摆臂 7—同 5 8—还原至体侧

第四个八拍：

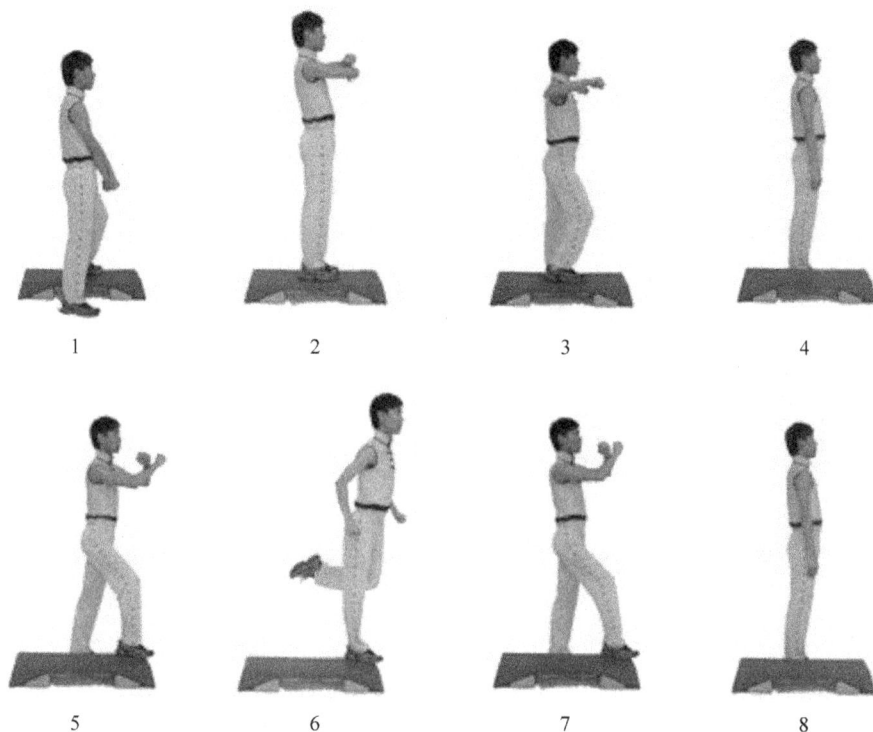

图 4-2-20

节 拍		下肢步伐	上肢动作
四	1—4	1—左脚上板 2—右脚并右脚 3—左脚下板 4—右脚并左脚	1—两臂提前交叉 2—胸前平举屈肘握拳 3—打开,两臂侧平举屈肘 4—还原至体侧
	5—8	5—右脚上板 6—左脚后屈 7—左脚下板 8—右脚并左脚	5—屈肘,两臂体前交叉 6—向后摆臂 7—同5 8—还原至体侧

第五个八拍：

图 4-2-21

节　拍		下肢步伐	上肢动作
五	1—4	1—右脚上板 2—左脚上板 3—右脚下板 4—左脚下板	1—右臂斜上举 2—左臂斜上举 3、4—击掌两次
	5—8	5—右脚上板 6—左腿抬膝 7—左脚向侧下板 8—右脚并左脚	5、6、7—两臂自然摆动 8—还原至体侧

第六个八拍：

图 4-2-22

节	拍	下肢步伐	上肢动作
六	1—4	1—右脚上板 2—左脚上板 3—右脚下板 4—左脚并右脚	1—两臂侧平举 2—同1 3、4—还原至体侧
	5—8	5—左脚上板 6—右腿抬膝 7—右脚下板 8—右脚并左脚	5、6、7—两臂自然摆动 8—还原至体侧

第七个八拍：

图 4-2-23

节　拍		下肢步伐	上肢动作
七	1－4	1－右脚上板 2－左脚吸腿 3－右脚下板 4－左脚下板	1－双臂握拳前平举 2－两臂后摆 3－同1 4－还原至体侧
	5－8	5－左脚上板 6－右腿抬膝 7－左脚下板 8－右脚并左脚	5、6、7、8同1、2、3、4

第八个八拍：

图 4-2-24

节 拍		下肢步伐	上肢动作
八	1—4	1—右脚上板 2—左腿抬膝 3—左脚并右脚 4—吸右腿	1—双手自然摆臂 2—右臂握拳上举，左臂屈肘握拳在腰间 3—双臂屈肘握拳在腰间 4—左臂握拳上举，右臂屈肘握拳在腰间
	5—8	5—开合 6—双脚并拢 7—右脚下板 8—左脚下板	5—双臂握拳侧平举 6、7、8—还原至体侧

第九至十六拍相反方向，动作同第一至八拍。

第三节　高级健美操

一、健美操范例

音乐:《OH!》　共 8×28 拍

难度动作 8×7 拍:1.夹后倒俯卧撑

　　　　　　　2.团身跳

　　　　　　　3.跳转 360°

　　　　　　　4.单足立转 360°

　　　　　　　5.跨跳

　　　　　　　6.四次高踢腿

　　　　　　　7.屈直支撑

操化：8×15 拍

地上动作过渡连接:8×6 拍

预备:背对 1 点,左脚在前,交叉站立,左臂屈肘放在腰后掌心向外,右臂屈肘放在脑后

1　　　　　　　2　　　　　　　3　　　　　　　4

图 4-3-1

1—4　左脚在前,右脚在后站立,左手竖食指,直臂,向内绕至耳侧,同时右手竖食指,直臂向外绕至体侧

5—8　双腿屈膝伸直,同时右转 180°,两臂经体前交叉,由内向外绕至体侧,手型从花掌变为并掌

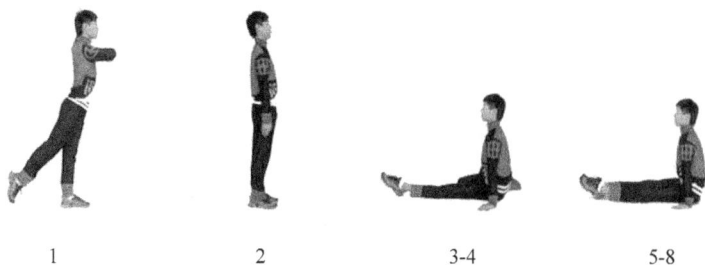

图 4-3-2

1—　左转 90°,右腿后举,同时右手握拳胸前平屈,左臂侧上举

2—　还原

3—4　半劈腿坐下,双手放置体侧

5—8　右腿并左腿成直角坐

图 4-3-3

1—4　直角坐,左手花掌侧平举,同时头左转

5—8　向左翻转 180°成俯卧撑

1-8

图 4-3-4

1—8   夹肘后倒俯卧撑

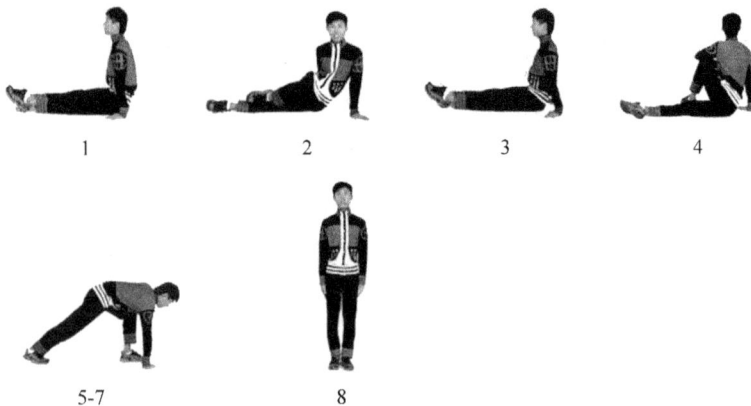

1   2   3   4

5-7   8

图 4-3-5

1—2   向右翻转 180°成直角坐,双手撑地

3—4   屈右膝

5—7   向右翻转 180°,右腿伸直,左腿屈膝成弓步,右手撑地,左手叉腰

8—   还原成站立

1   2   3   4

图 4-3-6

1—— 左脚后踢腿跑,双手握拳,小臂由外向内绕环

2—— 右脚后踢腿跑,左手侧上举,右手侧平举,花掌

3—— 两脚并拢屈膝半蹲,双臂经体前,手扶膝盖,虎口向内

4—— 左腿侧摆,两手开掌,左臂侧平举,右臂成侧上举

5—— 还原成站立

6—— 右吸腿,双手握拳,两臂胸前平屈

7—— 右脚落下,右脚侧点,双手握拳成侧平举,头稍向右倒

8—— 还原成直立

图 4-3-7

1—　右腿侧摆,双臂侧平举

2—　右脚交叉于左脚前,左臂向外绕

3—　直立,双手头上击掌

4—　吸右腿,双手握拳肩上侧屈

5—　左弓步,两手握拳,右手斜前下冲拳,左手于脑后

6—　右后踢腿跑,双手胸前环绕

7—　右弓步,两臂侧下举,五指张开

8—　还原成直立

1—8　团身跳一次

图 4-3-8

1—　双脚站立,侧平举

2—3　向右并步跳一次,两臂经上交叉绕环成侧平举

4—　左转 90°,右手向左手击掌

5—6　右脚向前一步提升左转 90°,双手握拳小臂向内绕环

7—　右脚站立,左脚跟点地,左臂侧平举,右臂侧上举,花掌

8—　还原成直立

图 4-3-9

1—　左脚前踢,两臂胸前交叉

2—　右脚后踢腿跑,双手握拳收至腰间

3—　右脚前弓步,两臂侧上举,花掌

4—　还原成直立

5—　右吸腿同时左转 90°,双手握拳,胸前交叉

6—　左脚后踢腿跑,双手握拳,小臂向外绕环

7—　左脚脚跟点地,双手花掌,绕至侧下举

8—　还原成直立

图 4-3-10

1—2　膝盖微屈,双手叉腰,左右绕肩

3—　　右脚脚跟着地,左手叉腰,右手开掌,右臂经体侧至耳边

4—　　左脚后踢腿跑,双手握拳,两臂胸前交叉

5—　　右摆腿,两臂经体前打开成左臂侧举,右臂侧上举,两手竖食指

6—　　还原成直立

7—　　右弓步,左臂胸前平屈,右臂屈肘于额前,花掌,掌心向外

8—　　还原成直立

1—8　　跳转 360°

图 4-3-11

1—　　左腿后摆跳,双手开掌,两臂经体前屈肘遮脸,掌心向外

2—　　还原成直立

3—　右吸腿跳,双手握拳,两臂侧平举

4—　同 2

5—　左脚向侧一步,同时左转 90°,两臂前平举。

6—　向右转 90°,两手握拳,左臂侧举,右臂胸前平屈

7—　左腿稍屈膝,左臂放至身侧,右手花掌,右臂经上举至侧上举

8—　同 7,惟右臂屈肘在右眼前右手成"V"手势,掌心向外

1—8　单足立转 360°

1　　　　2　　　　3　　　　4

5　　　　6　　　　7　　　　8

图 4-3-12

1—　左腿后摆,两臂经体前至左臂胸前平屈,右臂侧上举

2—　左脚向前一步,同时两臂前下举交叉

3—　右脚向前迈一步,双手握拳于腰间

4—　左转 180°双脚开立,两臂侧上举,花掌

5—　左弓步,右臂斜下举,掌心向上,左手放于右臂手肘处

6—8　左脚交叉在右脚前,同时向右转体 180°,左手放在背后,手心向外,右臂由内向外绕至上举,右手竖食指

图 4-3-13

1— 左吸腿,两臂经体前至侧上举,花掌

2— 还原成直立

3—4 向右平转 360°,同时两臂经体前至上举,花掌

5— 同 2

6— 右腿后屈,双手握拳,胸前交叉

7— 右弓步,左臂胸前平屈,右臂侧平举,两手竖食指

8— 同 2

1—8 跨跳

图 4-3-14

1—2 左脚向前一步，左臂上举

3—6 乔纳森下地动作

7—8 左腿在侧，右腿屈膝于体前，左手在前，右手放至体侧

1-4   5-8

图 4-3-15

1—4 屈直支撑

5—8 左手撑地，右手扶腰，左脚伸直，右脚弯曲同时向左翻转180°，成直立

1   2   3   4

5   6   7   8

图 4-3-16

1— 左脚向前弓步跳，左臂经前至上举，右臂前下举，花掌

2— 两脚还原，同时两臂前举，双手握拳

3— 左脚后踢腿跑，两臂胸前平屈，双手握拳

4— 右脚后踢腿跑，双手体后击掌

5—　右脚弹踢腿,左臂胸前平屈,右臂侧平举,剑指

6—　还原成直立

7—　左脚侧踢腿,左臂斜下举,右臂上举,花掌

8—　还原成直立

图 4-3-17

1—　双脚跳成开立,两臂经体前至侧上举,花掌

2—　右脚后踢腿跑,双手握拳交叉于胸前

3—　左腿侧摆,左臂侧平举,右臂侧上举

4—　还原成直立

5—　吸右腿,两臂侧平举,握拳

6—8 同 2—4,方向相反

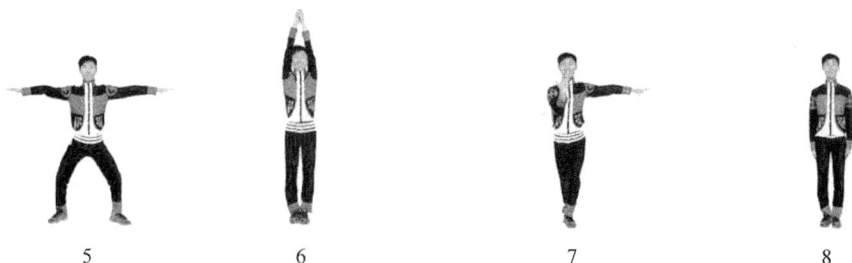

图 4-3-18

1—　左脚后踢腿跑,双手相握于胸前

2—　左脚弹踢腿跳,双手相握前举

3—　右脚后踢腿跑,双臂拉开成侧平举,双手握拳

4—　右脚侧摆腿,双臂经体侧上举,头上击掌

5—6 开合跳一次,两臂经侧平举至头上击掌

7—　左脚前弓步,左臂侧平举,右臂肩上侧屈,花掌

8—　还原成直立

图 4-3-19

1—　双脚成开立,两臂胸前平屈,双手握拳

2—　左腿侧摆,左臂斜下举,右臂侧上举

3—　左脚前弓步,两臂下举

4—　吸右腿,两臂斜上举,花掌

5—　右脚前弓步,两臂下举

6—　吸左腿,两手触肩

7—　左脚前弓步,两臂前举,花掌,掌心向上

8—　还原成直立

1　　　　　　2　　　　　　3

4　　　　　5-6　　　　　7　　　　　　8

图 4-3-20

1—　左脚向前迈一步,两臂后下举

2—　吸右腿,两臂经体前放于脑后

3—　还原成直立

4—　吸左腿,左臂侧平举,右臂胸前,花掌

5—6　左脚向前一步,吸右腿,右臂向内绕至上举,花掌

7—　左侧弓步,左臂上举,右臂前举,花掌

8—　还原成直立

图 4-3-21

1—　左脚向斜前方迈一步,双手在身体左侧击掌

2—　右腿侧摆,左手体后叉腰,右臂侧平举

3—　左脚后踢腿跑,两臂屈肘于额前,开掌,掌心向前

4—　右脚后踢腿跑,两臂侧下举

5—6　右脚前弓步,两臂向内绕至左臂侧上举,右臂侧下举,双手竖食指

7—　左脚并右脚,同身左转 90°,左下举,右臂上举

8—　屈膝半蹲,上体稍右转,右臂屈肘于右眼旁,开掌

5	6	7	8

图 4-3-22

1—　右脚后退一步,同时右臂胸前屈,左臂上举,花掌

2—　左脚后踢腿跑,双手握拳置腰间

3—　左脚弹踢跳,左手向左侧推出,右手向前推出,立掌

4—　两脚开立,左臂肩侧上屈,右臂斜下举,花掌

5—　右脚向前一步,两臂经交叉向内绕环一周成上举

6—　吸左腿,两臂肩侧屈,两手至额前,掌心向外

7—　左前弓步,两臂打开成斜上举,花掌

8—　还原成直立

1—8　四次高踢腿

1-2	3	4	5-6

7	8

图 4-3-23

1—2 (下地动作)右弓步,左手撑地,右臂斜后上

3—4 向左转体 180°成直角坐

5—7 上体后仰平躺于地面,两腿乌龙绞柱

8— 左脚在侧,右腿屈膝在体前,左手侧上举,右手叉腰,眼视右下方

二、爵士舞范例

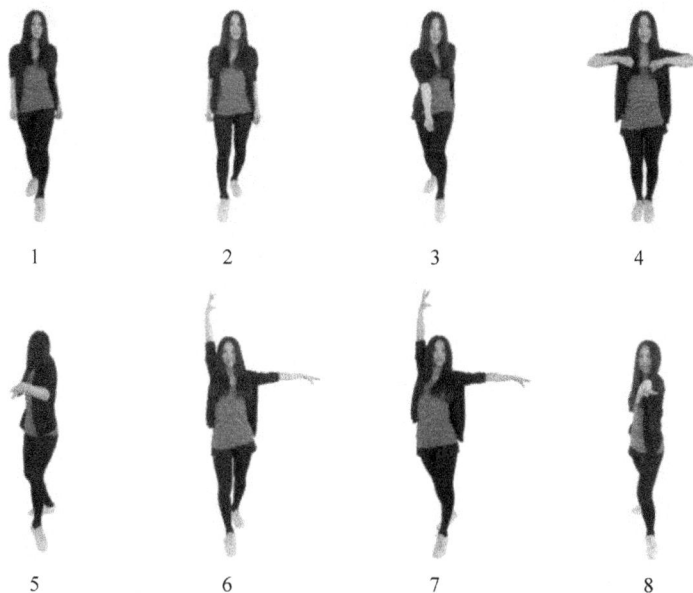

图 4-3-24

节 拍		下 肢	躯干与手臂	面向
一	1—2	左脚开始向前走两步	手臂自然摆动	1点
	3	左脚前点	身体左转,双手在身体左侧打响指,左手在后,右手在前	8点
	4	右转90°跳并	手臂胸前平屈	3点
	5	右转90°右脚前点	手臂侧打开,夹肘压肩	5点
	6	左转180°	左手侧打开,右手上举	1点
	7	左脚向前一步	手臂自然向随身体右摆	1点
	8	右脚向前一步		2点

图 4-3-25

节 拍		下肢	躯干与手臂	面向
二	1—2	左转 360°	手臂如芭蕾转体摆动	1 点
	3	不动	身体向前屈,两手分别放两膝	
	4		从头开始依次起身	
	5—6	转身 180°向前走	自然摆臂	5 点
	7—8	分腿站立		

图 4-3-26

节	拍	下肢	躯干与手臂	面向
三	1—4	两脚开列,屈膝进行摆髋,左、右、左、左,即一次一次二次	两手放于体侧,稍打开	8点
	5	向右顶髋	右手抱头	
	6	向左顶髋	左手抱头	
	7—8	7—跳成交叉 嗒—跳成分腿站 8—不动	7—嗒—稍含胸 8—挺身,头向后倒,手臂甩至身后两侧	

图 4-3-27

节	拍	下肢	躯干与手臂	面向
四	1—4	双腿不动	身体向前屈,从头开始一次起身	5点
	5—8	转身180°向前走	手臂自然摆动,第8拍手臂侧平举	1点

图 4-3-28

节 拍		下肢	躯干与手臂	面向
五	1—2	右脚向上大踢腿	手臂侧平举不动	1点
	3	左脚侧点	手臂放下	
	4	不动	身体前屈,手放在膝上	
	5—6		从头开始依次起身	
	7	向右跳并,稍屈膝	双手从头开始依次下滑至胯部	
	8	不动	向左甩头左手叉腰,右手交肘摆小臂,随头摆至左侧	8点

1 2 3 4

5 6 7 8

图 4-3-29

节	拍	下肢	躯干与手臂	面向
六	1—2	脚不动	身体右转,右手从左肩移至右肩	1点
	3—4	双膝外展,慢慢弯曲	身体下蹲,右手压手腕沿体侧从右肩到髋	
	5 嗒	跳开	5—向右送肩,双手侧打开,稍夹肘,压手腕 嗒—还原	
	6	不动		
	7		向右送肩	
	8	右转90°	右手从左肩移至右肩	
			手臂放下	3点

图 4-3-30

节　拍		下　肢	躯干与手臂	面向
七	1	蹲下,双膝外展	双手抱头	3 点
	2	站立	手臂放下	
	3	左脚向后一步	手臂交叉前平举	
	4	收左腿,右腿后屈	双手胸前平屈绕环	
	5—7	右脚开始向前走 3 步	右手前平举,掌心向上,左手胸前平屈握拳放于右手肘关节下面	
	8	左转 90°跳开	双手抱头	1 点

5　　　　　6　　　　　7　　　　　8

图 4-3-31

节	拍	下 肢	躯干与手臂	面向
八	1—2	分腿站,膝稍屈	拍身体做 up-down 1 次、1 次、双手抱头	1 点
	3—4		身体逆时针绕转腰,双手放下	
	5—7		1 次、1 次、1 次,手臂放体侧	
	8	跳并	双手胸前平屈	

1　　　　　2　　　　　3　　　　　4

5　　　　　6　　　　　7

图 4-3-32

节	拍	下肢	躯干与手臂	面向
九	1	侧点左脚	左手侧下,右手牵上举,握拳	1点
	2	收左腿,右腿后屈	双手胸前屈臂	
	3	右脚前点	挺身,撅臀,头向后倒,右手前平举,掌心向上,左手胸前平屈握拳放于右手肘关节下面	
	4	不动	身体前屈,左手撑地,右手放膝上	
	5—6		从头开始依次起身	
	7	右脚向右一步	身体滞留向左	面向3点,头看向1点
	8	右转180°分腿站		

图 4-3-33

节 拍		下 肢	躯干与手臂	面向
十	1—2	脚不动	身体转向右侧,并甩头	6点
	3	右脚向右一步	转身	
	4	右转180°		1点
	5	右脚向右,左脚向左依次分腿站立	双手上举,交叉	
	6	不动	双手放下	
	7		7嗒8向右顶胯,压肩,右、左、右	
	8	收右脚		

图 4-3-34

节 拍		下肢	躯干与手臂	面向
十一	1—2	向右跳	直臂交叉向后绕一圈	1 点
	3	左脚向左迈	左手下垂,右臂在提前逆时针画圆,至侧平举	8 点
	4	不动		1 点
	5	左转 90°并腿	双臂由下往上提至前平屈,握拳	7 点
	6	不动	双臂放下	
	7	左脚前点	双手放于髋两侧;挺身向后倒头	
	8	右转 90°	双臂放下	1 点

图 4-3-35

节 拍		下肢	躯干与手臂	面向
十二	1—2	左脚前踏、后踏做 mambo,4 拍的时候右脚并左脚	左手抱腰,右手绕头	2 点
	3—4			1 点
	5—7	右脚开始向右走	双手向前打开	3 点
	8	左脚前点	双手置于小腹处	2 点

图 4-3-36

节　拍		下　肢	躯干与手臂	面向
十三	1—2	向左侧并	两手臂上举	1 点
	3 嗒 4	向右三联步	手臂向两侧伸 2 次	
	5—8	向左转 360°,8 拍稍蹲	双手放体侧	8 点

5　　　　　　6　　　　　　7　　　　　　8

图 4-3-37

节　拍		下肢	躯干与手臂	面向
十四	1—2	右脚向左1步,成分腿站	双臂体前顺时针绕至身体右侧	1点
	3—4		稍蹲,身体做波浪,左手继续绕至侧平举,一指	
	5	跳蹲,膝外展	双手抱头,肘关节打开	
	6	跳成分腿站立	手臂放下	
	7	重心移至右脚	向右倒头	
	8	重心移至左脚	向左收回	

1　　　　　　2　　　　　　3　　　　　　4

5　　　　　　6　　　　　　7　　　　　　8

图 4-3-38

节	拍	下肢	躯干与手臂	面向
十五	1－2	右脚前点	左手抱头,右手抱腰,向右顶髋 2 次	7 点
	3	右脚前交叉	手臂上举	8 点
	4	左脚向左一步成分腿站	双手抱头	1 点
	5	右脚向前 1 步	右手侧下	
	6	左脚向前一步,同时右转 90°	左手侧下	3 点
	7－8	重心由左到右,8 拍稍蹲	双臂体前逆时针摆至身体右侧	7— 3 点 8— 4 点

1 2 3 4

5 6 7 8

图 4-3-39

节 拍		下 肢	躯干与手臂	面向
十六	1	左转 90°	手臂五位手	1 点
	2	下蹲	手撑地	
	3—4	右脚向右一步	胯做 8 字绕环,右手绕头	8 点
	5—6			2 点
	7	右脚向前一步	转身,甩头	8 点
	8	左转 90°,重心在右脚		5 点

1   2   3-4

5-8

图 4-3-40

节 拍		下 肢	躯干与手臂	面向
十七	1	左脚向前一步	手臂自然摆动	5 点
	2	右脚向前一步		
	3	转身 360°,重心在右脚	身体逆时针转一圈,手臂放于小腹	1 点
	4	不动		
	5—8	跳开	身体做一次波浪,手臂放于小腹,肘张开	

图 4-3-41

节 拍		下 肢	躯干与手臂	面向
十八	1	不动	做一次 up-down	1点
	2	跳并	抱头	
	3—4	不动	手相握直臂由上往下	
	5	左踏	手臂摆动	
	6	右踏		
	7	不动	右手从左肩滑至右肩	
	8	右转 90°下蹲	团身下蹲	3点

（十九）—（三十六）重复（一）—（十八）

学以致用

1.通过对健美操范例的学习,根据其中的动作元素自己创编8×8拍的健美操动作。

知识拓展

健美操皇后——简·方达

简·方达是20世纪70年代崛起的好莱坞电影明星。为了使自己有苗条的身材,她采用了许多的减肥方法,如节食、呕吐、服用可卡因、利尿剂等,对身体造成极大的伤害。简·方达在痛苦的失败中吸取教训,认识到"健康的美才是真正的美、持久的美"。从此,简·方达走上了体育锻炼的道路,通过健美操运动来保持身体的健康和体态苗条。简·方达根据自己的亲身体会和实践编写了《简·方达健美操》一书及录像带,以自己的名声和现身说法提倡健美操运动。这位好莱坞著名影星和现代健美操专家对健美操运动在世界范围内的流行与发展起了巨大的推动作用,成为20世纪80年代健美操杰出的代表。

第五章　健美操创编指南

应知导航

健美操的创编是依据健美操的特点、规律,据其目的、原则并在自身知识的依托下,把单个动作串联成为健美操锻炼与竞赛套路的过程。

健美操是一项综合性很强的体育运动项目,要有效地达到锻炼与竞赛的目的,简单地把动作串联起来是远远不够的,而要将健美操的本质、特点以及健美操的套路结构、时间、空间运用的方式、风格特点、音乐等诸多因素的有机结合。同时,还应根据锻炼者不同性别、年龄、爱好、身体健康水平、运动能力与技能以及锻炼的环境与条件等条件,创编出具有健身价值的、较高艺术欣赏价值的健美操动作。

通过本章学习,使学生掌握不同类型健美操编排的特点和方法,从而更好地指导健美操的创编实践。你也可以创编出属于自己的健美操。

第一节　健美操的创编元素

一、基本动作

健美操基本动作主要由下肢动作、上肢动作和躯干动作组成。健美操基本动作是健美操运动的基础,是最小的健美操基本元素,所有健美操的组合都是在基本动作的基础上发展和变化起来的。

竞技健美操套路动作较健身性健美操具有更难、更复杂的技术动作特点,其基本步法在动作规格上对关节、肢体位置的要求更高,在完成上强调准确的控制,协调、灵活、流畅的动作变化。基本步法有踏步、后踢腿跑、吸腿跳、踢腿跳、开合跳、弓步跳、弹踢腿。

二、健美操造型

健美操是一种动态的人体健美造型,然而无论是健身健美操(尤其是表演性健身健美操),还是竞技健美操,在其开始和结束时,往往都设有瞬间的静态造型,那些健美、独特的造型不仅给人以开始和结束感,而且是体现该项目艺术性、技巧水平、独特风格与创意的亮点部分。奇特的开始造型会激发人参加锻炼或观赏表演比赛的兴趣,精美的结束造型将令人久久品味,回味无穷。

健美操造型应根据项目特点和个人能力进行设计。单个动作讲究元素美,选择健美舒展、有力度感的动作姿态,注意造型中躯干的挺拔、肢体的伸长、恰到好处地展示肌肉的丰满和线条美。集体造型讲究组合美,多人组合造型时要体现出结构的均衡、对称及节奏的变化,包含高低、正反、疏密、主次的对比,遵循统一多样性的形式美法则。

三、队形与场地空间

1.队形

队形变化是健美操集体项目比赛和表演的重要内容之一,丰富多彩的队形和巧妙流畅的队形变化会令健美操项目更具可观性。特别值得注意的是为提高健美操锻炼的兴趣,减轻创编的数量和难度,推动基层单位开展集体健美操的锻炼活动,许多健身健美操竞赛往往设有规定动作,自编队形的项目。在比赛中人们可以看到同一套规定动作,由于队形设计不同,竟会产生截然不同的效果。其队形图案的多样,变化方式的巧妙,变化线路的流畅,各具特色,令观众为之赞叹。

健美操队形设计的原则如下。

(1)构图清晰

健美操队形设计最基本的、也是首要的要求是:队形构图要清晰。如果构图混乱难辨,就难以产生美感。而要使队形线条清晰就要注意"字间距小,行间距大"的道理,同时队形图案中的"各部分"需"内密外疏",即每部分本身站得密一些,各部之间距离大些,方可令图案的结构更加明晰。如图例(1)、图例(2)中行与列的关系是清晰可见的,两排之间的间距是很大的,相邻几人又是排列很紧密的,这样的图案使人一目了然。

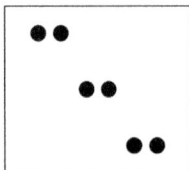
图例(1)

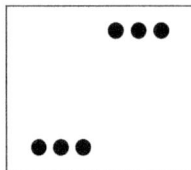
图例(2)

（2）丰富新颖

设计者应在队形的创新上下功夫。队形不仅可设计成对称的,还可以设计成均衡的;不仅可以是一个整体性的队形,也可以是几组队形相互呼应。基本队形是有限的,但基本队形的不同组合却会产生丰富多彩的队形变化。如图例（3）、（4）所示。

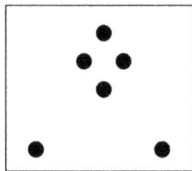 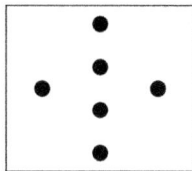

图例（3）　　　　　　　　　图例（4）

（3）对比鲜明

一套健美操的队形一般都有十多个,健美操队形设计时应注意队形图案之间有鲜明的变化,尤其是相邻的队形不应为相似队形。只有对比鲜明的队形才能显示出队形的丰富,产生队形变化的节奏感。从图例（5）的队形变化到图例（6）的队形。

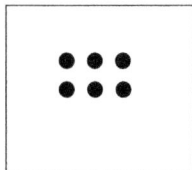 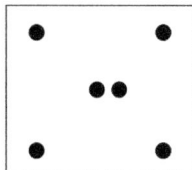

图例（5）　　　　　　　　　图例（6）

（4）变化流畅

好的健美操队形设计不仅在于队形本身的丰富新颖,还取决于队形变化的方法是否多样、巧妙,从而使队形之间的过渡自然、转换流畅。尤其是双人、三人健美操的队形种类比较有限,只有队形变化巧妙、流畅,才能产生丰富多彩、目不暇接的队形变化效果。看图例（7）—（9）的队形变化,每个队形间的变化是自然流畅的,同时又兼顾到队形的方向变化。

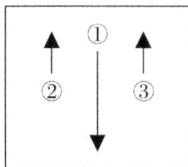 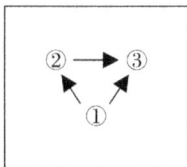 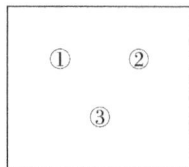

图例（7）　　　　　　图例（8）　　　　　　图例（9）

（5）显示动作

健美操队形最终要为显示动作服务,因此队形设计时要与动作创编密切配合,要使所设计的队形能充分展示动作的面、动作的美。

2.场地空间的使用

空间利用是健美操项目竞赛评分的重要依据之一,同时也是健美操艺术表现美的形式之一。健美操竞赛项目是在 $10m \times 10m$ 的场地内完成的,在比赛过程中,运动员应该注意以下几点:

(1)在完成成套动作均衡、流畅的表演线路的过程中必须有效地利用比赛场地。不仅仅是比赛场地的各个角落和赛场重心,还包括赛场所在的全部空间。

(2)在整个成套动作中,路线必须展现所有方向(向前、向后、横向、对角线、弧线)和距离(短或长距离),尽量不重复路线与轨迹(从右到左进行横向移动再做一个从左至右的横向移动是允许的,但再重复一遍从右到左的横向移动就不被接受了。对角线等的移动也如此)。

(3)比赛场地的全部三层空间(地面、站立、腾空)都必须充分被使用,不允许任何空间过度集中的使用。

(4)动作必须在赛场空间内均衡的分布(若在成套动作中有 4 段地面动作,应使它在不同的区域完成)。

优秀成套动作的空间安排必须考虑上述表现因素,通过调整运动员(混双—三人—五人)的间距(远—近),最大限度地使用整个比赛场地的空间。

四、时间

时间元素包含动作速度和持续时间,而动作速度和持续时间很大程度上决定着动作的难易程度和运动强度,并影响锻炼效果。

1.动作速度:直接影响着动作难易程度和运动强度,要根据健美操动作类型确定动作速度。一般拉伸类动作速度较慢,低冲击步伐类动作速度中等,高冲击步伐类动作速度快。持器械动作比徒手速度要慢些,此外还要考虑年龄、接受程度、运动能力对动作速度的影响。

2.持续时间:一般健身套路动作的时间为 2 分±10 秒之间;有氧舞蹈成套动作和竞技健美操竞赛套路时间为均为 1 分 30 秒±5 秒。

五、音乐

音乐是健美操的灵魂,健美操是音乐的形体再现,音乐直接影响身体的锻炼效果,激发情绪,增强表现力、感染力和号召力,启发创编构思。音乐的风格应与健美操动作的特点相统一,并适应不同年龄的对象。清脆悦耳的儿童音乐适合少年儿童,现代感强的流行音乐适合青年人,富有民族风格的现代音乐适合中老年人。

六、难度动作

难度动作是竞技健美操的特殊规定动作,根据国际体操联合会《2013～2016 年竞技健美操竞赛规则》规定,难度动作由动力性力量、静力性力量、跳与跃、平衡与柔韧等 A、B、C、D 四类组成。

(一)动力性力量

动力性力量包含的种类有:俯卧撑类、文森俯卧撑类、俯卧撑腾起类、提臀腾起类、分切类、成分腿高直角支撑类、旋腿类、托马斯类、直升飞机类和开普类等十种。

1.总体描述

(1)开始或结束姿势:单手或两手支撑地面,肘关节伸直,肩部平直平行于地面,头部处于脊椎的延长线。

(2)肘部的屈伸:俯卧撑下降到最低点,胸离地面的高度不得高于 10 厘米。

(3)俯卧撑的起落必须要有控制,两肩在起落位置必须与地面平行。

(4)侧倒和后倒俯卧撑 4 个阶段必须清晰。

(5)单臂、单臂单腿俯卧撑两脚之间的距离,除非有特殊规定,否则一律不得超过肩宽。

(6)俯卧撑腾起或由空中着地时,除非有特殊规定,否则和脚必须同时以控制的方式同时离开或接触地面。

(7)以俯卧撑着地:支撑屈肘,再推起。

(8)"文森类"全部难度技术要求腿伸直,并展示出良好的髋关节柔韧性。

(9)架起腿必须搭在同侧肱三头肌上方。

2.最低完成要求

(1)旋腿类:开始位置必须从两臂前撑开始,在整个动作技术过程中,两脚不得触底。

(2)托马斯类:开始位置必须从两臂前撑、两脚腾空无支撑姿态开始;在整个动作技术过程中,两脚不得触底;两腿必须展示完整的回旋。

(3)直升机类:身体转体时仅以上背部为轴,开始和结束方向必须相同。

(4)开普转体类:在完成动作技术前必须展示腾空阶段。

(5)所有文森姿态结束的难度动作:在落地时必须展示文森姿态;成文森姿态落地时,前腿必须立刻在支撑臂肱三头肌上方。

(二)静力性力量

静力性动作包含的种类有:分腿支撑类、直角支撑类、锐角支撑类、文森支撑类、肘撑类、水平支撑类等六种。

1.总体描述

(1)该类动作展示静力性力量,每个动作必须停 2 秒。

(2)支撑转体动作无论是在开始或结束位置还是在转体过程中,整个支撑过程必须保持2秒。

(3)身体各种姿势完全支撑在单手或双手上,只允许手触地面。

(4)在整个技术动作过程中,两脚或臀部不得接触地面。

(5)在支撑时,手或拳头必须平整地撑于地面。

2.最低完成要求

(1)每个难度动作必须保持2秒,同时臀部、腿或脚不能触及地面。

(2)在支撑转体时,无论在转体开始、结束或在转体过程中,支撑必须保持2秒。

(3)小于90°的不完整转体,难度动作将被视为降组难度,值减0.1分。

(4)水平肘撑和水平支撑类:身体必须成一直线,不得超过水平面以上20厘米。

(三)跳与跃

该组动作包含的种类有:跳转类、自由倒地类、给纳类、燕式平衡成俯撑类、团身跳类、分腿跳类、科萨克跳类、屈体跳类、纵劈腿跳类、横劈腿跳类、交换退跳类、剪踢类、剪式变身跳类等13种。

1.总体描述

(1)该组动作所有难度动作必须最大限度地展示爆发力和最大的动作幅度。

(2)所有跳跃类动作可以以单脚或双脚起跳,无论单脚或双脚起跳都视为同一难度动作,并且分值相同。

(3)落地时必须保持完美的身体标准姿态。

(4)身体在空中形成必须清晰可辨。

(5)身体和腿必须保持紧张、伸直,并与头和脊椎成一直线。

(6)腾空成俯撑姿势落地时,手和脚必须以有控制的方式同时落地。

(7)以劈叉姿势落地时,手可触地。

(8)以单脚或双脚落地被认为是同一难度的不同形式。该规定对起跳同样适用。

(9)多数情况下自由倒地以俯撑落地,也允许其他方式落地。

(10)任何落地方式必须有控制。

2.最低完成要求

(1)腿必须与地面平行(除团身跳、自由倒地和给纳)。

(2)转体不完全,90°~180°减0.1分。

(3)团身跳腾空后腿的位置必须达到腰部以上。

(4)给纳、自由倒地和塔马诺时,手、脚必须同时落地。

(5)旋风腿两脚贴近胸展示整个圆。

(6)剪踢在空中时,起始腿必须到水平面,与地面平行。

（四）平衡与柔韧

该组动作包含的种类有：转体、平衡、高踢腿、纵劈腿、横劈腿、依柳辛、开普等 7 种。

1.总体描述

（1）全部动作技术过程中身体处于标准姿态。

（2）身体位置清晰可辨。

（3）两腿必须伸直。

（4）全部动作的转体必须完整。

（5）所有动作过程中均必须展示完全劈叉 180°。

（6）转体过程中脚后跟不允许接触地面。

（7）开普时，由任意姿态或坐姿开始，一腿弯曲，一腿伸直，将伸直的腿踢至肩，同时抬起另一腿并以单臂支撑，展示劈腿姿态。躯干成一直线，并低于垂直面。

2.最低完成要求

（1）转体与平衡：全部转体动作，支撑脚必须始终保持与地面接触；小于 90°或多于 90°但小于 180°的不完整转体，难度动作将视为降组难度，分值减 0.1。

（2）依柳辛：自由腿必须在垂直面划一整圈，完成动作时身体不能有多余的转体。

（3）垂直劈腿：支撑腿必须与地面保持接触。

第二节　健美操的音乐选择与应用

音乐作为健美操的另一组成部分，在创编中不容忽视，健美操的音乐首先应是符合健美操的特点，健美操音乐应当是节奏鲜明、热烈具有蓬勃的精神。其次根据创编的目标，选择音乐的风格。它可以突出个性与对锻炼者起到带动作用。接下来可以根据成套的结构或是具体要求确定音乐的长短起伏、或反之根据音乐的长短起伏来确定成套的结构与动作。

音乐在创编中起着至关重要的作用，我们应根据锻炼者的能力和运动日的对音乐进行正确的选择与合理的运用。

一、健美操音乐的选择

1.根据不同练习内容选择正确的音乐速度

为了保持身体伴随音乐一起运动，从健身音乐中获取最佳锻炼效果，针对个人的健身水平和选择不同有氧健美操操种来说，音乐的速度是非常重要的。

表示健身音乐速度的单位是 BMP，意味每分钟拍数。表 5-2-1 有助于我们选择正确的音乐速度来适合不同的操种，推荐的 BMP 是针对于每个操种或每个特定的练习内容划分两种不同的强度水平——适中与较高强度。

表 5-2-1　不同类型健美操的音乐速度

操类与练习内容	适中强度 BMP	较高强度 BMP
瑜伽	70—96	97—120
伸展	80—100	101—120
力量	106—114	115—128
踏板	112—122	123—135
舞蹈	85—116	117—154
走踏	120—129	130—140
搏击	130—141	142—155
跑跳	140—152	153—165

2.健美操音乐的选择范围

健美操音乐的选择范围非常广，但通常主导音乐都采用 2/4 拍或 4/4 拍等节奏感较强的拍子。健身健美操的速度一般为 22～26 拍/10 秒；竞技健美操的速度 26～30 拍/10秒。健美操音乐的特点是具有强烈的节奏性，有情绪，有激情，有鼓动性。可选择的音乐见表 5-2-2。

表 5-2-2　健美操的音乐特点与表现形式

音乐种类	特　点	表现形式
民族音乐	具有浓烈的地方特色和民族风格 具有丰富的调式色彩和音乐色彩 具有强烈的时代气息 音乐形象多样化	节奏鲜明、热情、刚健、明快，旋律亲切、优美、抒情
爵士乐	旋律由连续不断的切分节奏组成 即兴性强 强有力的打击乐 节奏变化多端 音乐鲜明而强烈 和声丰富	表现喜悦氛围
迪斯科	在旋律上继承了爵士乐的切分节奏 更强调打击乐 节奏感强	表现出一种旺盛的精力

音乐种类	特　点	表现形式
摇滚乐	继承了爵士乐演奏的即兴性 有快有慢,以一种节奏模式反复出现 有一种摇摆的感觉	属于激情音乐,表现形式有:重金属及其相对的柔摇乐,混合的乡村摇滚、流行摇滚等
轻音乐	轻松愉快、生动活泼并浅显易懂 表现重大的主题思想	轻松活泼的舞曲 电影音乐和戏剧配乐 通俗歌曲和流行歌曲 舞蹈音乐和民间音乐 音乐小品
外文歌曲	外文演唱,有强烈的节奏感和震撼感 打击乐明显 音乐速度通常较快	表现出强烈的时代特征和青春气息
世界名曲	曲调经典,能跨越时空、种族和语言的界限,能超越人格、思想和阶层的鸿沟 音乐的哲理性超越了音乐本身的意义	旋律优美,形象鲜明,感染力强,表现形式多样

3.选择健美操音乐注意事项

选择健美操音乐要注重把握以下三个对比和一个鲜明的原则。

（1）对比强度

音乐强弱反差越大,越适合健美操展示力度上的技巧。

（2）色彩对比

该对比往往与音乐力度变化同步,它是调整动作形态及运动幅度的最佳契机。

（3）速度对比

速度是调整音乐起伏和推进音乐高潮的有效手段,是表现健美操抑、扬、顿、挫的调节器。

（4）鲜明的音乐风格

不同的地域、时空、情感产生不同的音乐风格。健美操伴随着风格迥异的音乐,才能尽显自身魅力。

二、健美操音乐的应用

1.对音乐反复地聆听

编者通过自身的耳、脑、神经的传导系统来完成这一过程,建立对音乐的初步了解,掌握音乐的旋律、音响效果、丰富的节奏等特性。当我们拿到一首音乐时,你首先应该考虑的是它是否能够感动你,如果能使你激动,特别是能够激起你的想象与灵感,那这首音乐就是你想要的。

得到这首你要的音乐之后,你应该反复地聆听这首音乐,去感受它,感受它到底在描写什么,它是怎么开始—发展—结束,特别不要忽略音乐是怎么过渡的。

2.详细记录

(1)记音乐速度:健身健美操的速度一般为22~26拍/10秒;竞技健美操的速度26~30拍/10秒。现在将音乐速度加快的做法一般是借助电脑解决,这样的操作可做到随心所欲。但值得注意的是加快也应在适当的范围之内,否则会失去真实感,音质变差、节奏不清,甚至出现男声变成女声的现象。

(2)记录节拍乐段:记录音乐的方法很多,但根据健美操的特点,只要能记下节拍、段落和主旋律的位置就可以了,简单的记录方法如下:

第一行记前奏:用括号把它括起来,如:(8 8)表现前奏是2个8拍。

第二行开始记主体部分:用小节线"︱"分开每一个乐段;

有唱词的地方用"～"表现;

有特殊的地方用符号表示,如"↗↘～『』"等;

有打击乐的地方用"×"表示。

例如:(8 8)8 8 8 8︱8 8 8 8︱8 8 8 8︱××× 5︱

前奏2个8拍,第一乐段4个8拍,第二乐段4个8拍带唱词的,第三乐段4个8拍,其中第4节有波浪音效,第四乐段有3个8拍加5拍的打击乐。

在记录上,记录者可根据自身的喜好选择符号,但需记住一个原则"越详细越好",这样在后期工作起来会更加高效。

3.音乐的设计、剪接

(1)力求乐曲开头的独特性:健美操乐曲的开头力求新颖、独特,能与后面的快节奏形成对比,产生强烈的视觉冲击力和听觉冲击力,经常可以看到是选择一段抒情的慢板音乐,但这段音乐不能太长,一般在2个8拍左右。

(2)重视结尾乐曲的稳定性:健美操动作的结尾一般是采用出其不意地造型动作,这种动作往往是由身体的不稳定状态到稳定状态的结束产生的美感。其最后的音往往也是最亮和最响的音。因此,建议这一拍要停在一个乐句或一个乐节的第一拍。

(3)注意过渡衔接的流畅性:在剪接音乐时,有时前一段音乐与后一段音乐在速度上和调式上不统一,勉强把它们凑在一起,会显得生硬突然。要保持过渡与衔接的流畅性,通常的办法是加上一段打击乐或一句占时间的效果音,分离和削弱前后两者的不和谐感,求得配曲的通畅和顺达。

(4)保证音乐高潮的审美性:音乐的高潮发展一般也是主旋律再现的环节,剪接时要避免高潮部分被剪掉,保证主旋律的再现和发展。

(5)尊重原创曲目的完整性:初学音乐剪接的人最好是在同一首乐曲上想办法,不管开头、结尾、加长、剪短，或是中间的衔接等。这样能较好地保持原创曲目的完整性，给观赏者留下一个完整的印象。如果为了标新立异，这里一句开头，那里一句结尾，中间又加上另一首曲目的旋律，就不容易形成一个完整形象，反给人一种杂乱无章的感受。

在考虑到所有以上原则之后，我们就可以利用我们手上的设备进行剪接与编辑音乐的工作了。

示例：

原创音乐：(假设时间 2′28″)

前奏(4×8)——A 段(8×8)——B 段(4×8)——间奏(2×4)——A 段(8×8)——B 段(4×8)——结束(2.5×8)

共计 32.5×8

剪接后音乐成品：

前奏(2×8)——A 段(8×8)——动效音 0.5×8——B 段(4×8)——间奏(2×4)——结束(2×8)——动效音 0.5×8

共计 19×8

第三节　健美操成套的创编

一、健身健美操的创编

健身健美操就是运用有氧运动的原理，以健美操为练习内容，达到健身目的的一种锻炼手段。因此，健身健美操的创编要有意识地选择对身体有良好影响和锻炼效果的动作，针对锻炼者生理和心理特点，编制出科学合理、效果明显、感染力强、宜于推广的健身操。

(一)健身健美操创编的原则

1.健康性原则

要保证人体健康，我们在创编中就首先根据解剖特征使人的头颈、躯干、四肢得以充分的锻炼。我们应当注意有意识地科学地使用各关节的各种运动形式(如：各种屈伸、摆动及绕环动作)，从而促进肌力的增加，关节灵活性的提高，通过改变运动位置、方向、节奏、路线影响不同的肌群。通过动作路线、节奏、位置、方向与单一动作、复合性动作的变化来培养人的协调性，同一动作重复越多对同一肌肉及关节影响越大，但并不是越多越好。因此恰如其分地运用这些因素才能达到促进健康的目的。

2.安全性原则

健身健美操成套动作对人的影响除了健康性，安全性也是十分重要的，它是保证健康的前提条件。因此,在创编中,我们必须坚持有益健康为基础,避免那些容易造成伤害的方法与手段,发展那些有益于身心健康的方法与手段。我们必须做到:第一,确保有氧,避免无氧现象的出现。第二,遵循人体自然运动规律,杜绝违反人体自然活动的动作出现。第三,减少运动对关节的冲击力,保护关节。第四,避免肌肉的过度牵拉,防止对肌肉造成伤害。第五,确保成套整体风格的积极向上的精神,以带给人们朝气蓬勃、轻松愉快的精神状态。

3.科学性原则

(1)科学合理的运动负荷:锻炼者平均心率达到本人最高心率的60%～80%时为健身区域标准,保证运动中氧的供能可达到良好的锻炼效果。此外,设计健身健美操的运动负荷应符合人体运动合理的生理曲线。运动负荷应由小到大、由弱到强,使运动心率变化由高到低,波浪式逐渐上升与下降。

(2)合理的课程结构:一般健身健美操课由准备、基本、结束三部分组成。第一部分为准备部分练习,选择动作以拉升、踏步、弹动、呼吸等低强度练习为主,目的是尽快使机体为适应有氧运动强度做准备。要求动作与呼吸配合,动作速度慢。第二部分为基础练习,以基础步伐和步伐变化的组合为主体,可选择低冲击步伐或高低冲击结合的步伐组合,配合各种手臂动作,要求躯干保持正直状态下练习。目的是在有氧代谢的情况下,使身体各部分得到锻炼,塑造健美形体,提高肢体的协调性。第三部分为放松部分,以拉升和缓慢的动作为主,达到放松肌群,消除疲劳,使人体机能水平达到或接近到运动状态。

此外,还应按照循序渐进规则,选择从易到难、从步伐到手臂、从单个动作到组合动作、从原地到移动的合理有序的动作编排。

4.针对性原则

在健美操的创编中,创编者首先应该了解接受锻炼对象的具体情况,不同人群的具体情况与要求各不相同,所以,我们在创编健美操时就要对接受者的具体情况进行分析。健身健美操的编排从锻炼对象的年龄、性别、职业、文化程度、身体状况、运动能力、接受能力、爱好以及生理和心理等特点,有所区别,因人而异。

青年人处于发育的不断成熟阶段,体力和精力充沛、旺盛。选择热烈奔放、舒展健美、富有时代感和活力感的动作,力求动作力度强、幅度大、速度快、变化大,时间长。其中男性多注重通过持器械的健身操来发展肌肉的力量和耐力,塑造形体;女性则侧重选择舞蹈化以及表现力较强的动作,来塑造美的形态和提高自我表现力。

5.动作风格与音乐的统一性原则

健美操是一项结合了体操、舞蹈、音乐等项目特点的综合性体育锻炼项目,它的重要特点之一是带有强烈的娱乐性与表现力,因此有目的地吸收舞蹈动作与其他运动项目的动作以及独特的动作创造是在创编中必不可少的环节。现代的健身健美操已经形成了风格各异、形式多样的健美操,如:爵士健美操、拉丁健美操、搏击健美操等等,使参加健美操的锻炼者从中得到了无比的乐趣和益处。

但在创编过程中,创编者在创编过程中应使音乐的风格与动作风格相统一。往往一个舞种都伴随着相应风格的音乐,只有这样才能使人们去接受和谐完整的文化艺术熏陶,从而达到身心的完美统一,更好地突出了健美操的艺术性和新颖性。

（二）健身健美操的编排步骤

编排成套健身健美操的过程是创编者有计划按步骤的创造性劳动过程,大致分为以下几个步骤。

1.创编前的准备

健美操创编前必须做好充分的准备,如明确创编的目的、任务和要求;了解练习者的情况,包括性别、年龄、职业、文化水平、身体状况、运动基础等;了解场地、锻炼时间、器材设备等条件;学习有关健美操创编的文字和音像资料。

2.制订总体方案

在总体方案实施过程中,可以通过多种不同的途径进行创作。下图为两种主要途径的创作过程介绍：

过程	1	2	3	4	5	6	7
途径一	制定目标	音乐的选择与剪接	素材的选择与确定	建立基本结构	按创编原则分段编排	成套整合	评价与修改完善
过程	1	2	3	4	5	6	7
途径二	制定目标	构思成套的结构	素材的选择与确定	按创编原则分段编排	成套整合	音乐的创作与剪接	评价与修改完善

（1）制定目标。

当创作者要进行创编,第一步是制定目标,因为只有目标明确才能使创编具有目的性,才能尽可能的少走弯路或不走弯路。

制定目标时,首先要明确,通过你的套路动作所应达到的目的,也就是说到底是为什么而创编;另外还要考虑到整个操的风格,从而选编动作的类型,确定总的时间等等。

（2）音乐的选择与剪接。

音乐应符合健身健美操的特点,不同类型套路动作的风格应选择与其相适应的音乐,突出锻炼者个性和成套动作的感染力。创编进行时可以是先有音乐,再编排成套动作;也可以是先编排好成套动作,再根据动作的风格、类型特点进行音乐的创编。

（3）素材的选择与确定。

选择动作素材关键在于平时对动作资料的积累程度。当目标明确后,在创编者的素材库中可以随时提取出你所需要的动作。健身健美操的创编应选择对身体有锻炼价值,大众喜欢和接受程度高的动作。从选择一些主要的单个基本步伐入手,再转化和创新各种组合步伐和变化性步伐。其他项目中动作素材应选择与健美操动作特点和风格相近,甚至是转化为健美操风格特点的动作。选择往往不是一次性的,多次试做,确定是否选择该动作。

(4)建立基本结构。

结构就如人的骨骼,支撑起整个成套,使之得以完整。健身健美操的结构应当是科学的、鲜明的、有序的。健身健美操的基本结构应当按照健身操的创编原则为中心去做。根据成套健身健美操的三个基本部分的不同锻炼作用,按照由简单到复杂、由小到大、由慢到快、由低到高,最后渐进下降的编操规律,把确定的不同类型的动作、步伐、组合分配到三个基本部分中,并与音乐基本段落相统一。最后,确定成套动作各部分的时间,以及动作节拍和组合动作数量。

(5)按创作原则分段编排。

将成套套路的准备、基本、结束三部分视为三大段。根据音乐的节奏和节拍细致地逐一编排,可先编排步伐,然后编排手臂动作和躯干动作,在设计组合动作时,要考虑步伐与步伐的连接要自然流畅,手臂动作的连接要协调。接下来应考虑动作的方向、路线,一般有5种动作路线,包括向前、向后、向侧、斜线、弧线,在设计动作路线时一方面要考虑动作与路线的合理性,另一方面要考虑路线要求,特别是弧线,同时,为了使队形变化流畅,在设计动作路线和队形变化的同时,应考虑路线、队形与动作的适宜性。

(6)成套整合。

当基本动作组合完成之后,我们可以按照成套的基本结构框架把动作组合排列起来,全方位审视动作的连接、节拍、方向、方位、路线和移动、高冲击与低冲击动作的合理性和流畅性。还要考虑与音乐风格、节奏、情绪相吻合的程度。

(7)评价与修改完善。

当一套动作初步完成之后,先要进行初步的实践,然后要进行评价与修改,从而使成套更趋合理与完善。

评价工作可以是创编者独立完成,也可以请有关专家进行。健身健美操的评价可参考创编原则,对锻炼价值进行评定,评定通过生理指标,如:心率、耗氧量的测试,评价运动负荷和有氧代谢合理程度。同时对锻炼者锻炼后心理感受情况调查,以及对身体各部分肌肉、关节的活动量、动作安全性、娱乐性、趣味性和艺术性进行评价。

如果成套有不足,则应根据创编原则进行修改。修改工作通常要在成套创编完成之后进行,但有时修改工作在创编同时进行,边创编边修改,此时注意不要过多关注细节,否则易使创作陷入困境,整体、全面地分析可以有比较,使成套动作更趋于科学、合理。

3.撰写文字说明与绘图

文字说明简明扼要,术语正确。绘图应形象逼真,方向清晰,以便长期保留、教学、研究、交流和出版。

二、竞技健美操的创编

竞技健美操的成套创编就是有机地将规则与特定内容有效结合的一个艺术创作过程，要使竞技健美操创编活动沿着正确的方向进行，我们需掌握其创编的原则和步骤。

（一）竞技健美操创编原则

1. 针对性原则

（1）针对规则要求进行创编。竞技健美操的创编首先清楚了解规则的要求，同时要不断关注最新规则的变化发展趋势，特别是所设项目的时间、难度动作、难度完成要求以及违例动作的规定，以免造成编排方面的重大失误。

（2）针对运动员的特点进行编排。运动员有其自身的个性特点以及体能方面的差异，扬长避短，充分发挥运动员的个性特点，表现其独特的风貌，这是创编者在创编过程中应遵循的创编原则。

（3）针对项目的特点进行创编。所谓针对项目特征就是创编中要注意竞技健美操五个单项的特点，各用简单的一句话来表述就是：单人项目是运动员展示个性化和个人能力的过程；混双项目是男女运动员展示协调与默契配合的过程；三人项目是运动员展示配合与队形流畅变化的过程；集体项目展现运动员强烈的整体感和多元化的视觉效果。

2. 创新性原则

创新是推动竞技健美操发展的动力，竞技健美操的创新性主要体现在成套动作的创新性、操化动作的创新性。

（1）成套动作的创新性。成套动作的创新性主要表现在富有创意的主题选择，过渡连接动作的巧妙、流畅，托举配合富有变化，队形变化的突然、新颖，难度的创新，开头结尾的出人意料，以及音乐的个性化展示上。

（2）操化动作的创新性。操化动作的创新性在于手臂和腿部动作的多样化组合，同时展现高水准的身体协调能力。创新的操化单元可通过更多身体部位参与完成动作、变化方位、使用不同关节运动、动作空间、动作幅度、肢体长度、使用不同节奏等方式来实现。

3. 艺术创造性原则

竞技健美操是一项艺术性很强的难、新运动项目，它可以给人们带来强烈的艺术享受，但就健美操项目特点而言，它的主要艺术特点是朝气蓬勃、欢乐向上。竞技健美操的艺术创造具有两重性，首先是创编过程中的艺术创造，其次是运动员在完成成套动作中的第二次创造。创编中的艺术创造是基础，而通过运动员的第二次创造升华与提高而达到完美的境界，因此创编中的艺术创造是首要环节，它直接影响着第二次创造，它是第二次创造展示的空间有多大，是能否达到理想的前提条件。

国际体联规则中艺术创造性中指出"表演是与众不同的,独特的和非凡的",并对完全新颖的音乐和独特动作指出"当所有的因素被编排和融合在一起时(动作设计、表现力、音乐、配合)才能形成一套与众不同的独特的和令人难忘的成套动作"。

(二)竞技健美操的编排步骤

1.创编前的准备

创编前的准备工作是否充分和到位,是能否完成好创编的前提。创编准备包括学习竞技健美操竞赛规程和裁判规则,观看最新的比赛音像资料和相关书刊文献,观摩一些比赛和表演,及研究项目和运动员的特点。这样我们才能了解竞技健美操运动发展的形式,掌握最新动态,为创编出体现时代精神、富有创意、个性和艺术水准的竞技健美操奠定基础。

2.设计总体方案

(1)确定健美操的总体风格。根据项目和运动员的特点确定健美操的风格,其个性特点容易表现出来的是刚劲的、活泼的还是轻盈的,是以迪斯科类的动作为参考动作,还是以爵士舞或武术动作为参考动作。

(2)总体结构设计与音乐的选配。竞技健美操的总体结构设计有以下两种方法。第一种是先有操,后做音乐。先根据编操者对健美操的整体设计把健美操分为若干部分和若干段,如开始部分、主体部分、结束部分;然后设计出各部分、段落的主要内容;再确定各部分、段落大体的节拍数;最后根据健美操的风格、结构、长度及速度等选择与剪接音乐。第二种方法是先做音乐,再编操。先根据健美操的风格选择音乐,然后根据音乐的结构、拍节数、高潮起伏等确定健美操的总体结构。总之,健美操的总体结构设计往往要与音乐的选配结合起来进行,在相互制约的同时均可根据需要作适当的调整。

3.局部内容的设计创编阶段

在总体方案拟定之后,根据竞技健美操的创编原则开始逐步创编动作。

(1)难度动作的选择与布局:在难度动作的选择上不要盲目地追求高难度动作的堆砌,只求稳定与高质量完美的完成。如果你选择了一个不能完美完成的高难度动作,首先可能会造成失误,使难度动作降组,甚至造成缺类减分;其次在完成分上还要给予减分;再次运动员在比赛时完成没有把握的动作,会出现心理压力过大而造成体能的浪费、甚至出现受伤,得不偿失。在难度动作的布局上,注意运用合理的难度布局来帮助运动员合理运用体能,根据运动员的实际情况来安排难度动作在成套中的顺序。如一般第一个需要完成的难度是运动员最有把握的,在心理和身体上做好充分准备,然后把最复杂、最耗体能和最高分值的难度动作安排在第二、三个序位,保证精彩的开场和高效率的完成,这是根据运动强度进行考虑的,因为疲劳时就很难完成技术比较高难的难度动作了。

(2)场地空间和移动路线的设计:场地运用要全面,不仅仅是比赛场地的各个角落和赛场中心,还包括赛场所在的全部空间。比赛场地的全部三层空间(地面、站立、腾空)的充分、合理的使用。移动路线以及队形的变化强调突然、快捷,同时避免重复,要考虑到运动强度以及表演效果。动作均衡分布于赛场的各个空间,好的空间利用和移动设计将有利于整套动作的流畅性和变化效果,同时具备良好的视觉效果。

(3)动作编排:动作编排主要是指操化动作的"填空"创编了。先创编步伐,这样做能实现队形变化的意图,有利于方向的多样化运用。有移动路线变化的步伐编好后再编上肢和手型,在这个过程中要注意结合身体面的变化以及躯干屈伸的变化,以免上肢动作在方向、空间方面的单调和呆板。此外,动作设计还要有一定的节奏变化,如两拍三动、两拍一动、一拍一动或一拍两动等。操化动作的编排要注重操化单元的多样性、操化动作的复杂和创新以及操化动作的数量和均衡性。

(4)过渡与连接的设计:过渡与连接是完美承接成套动作的纽带,它可以是简单的连接也可以是复杂的连接,不要因为这个因素看起来很简单而不加以重视,它已日益成为衡量竞技健美操创新程度的评分因素之一。有时运动员完成一个连接动作的精彩程度不亚于一个高难度难度动作,在平时就应加以重视,并进行持之以恒的训练,在简单连接的基础上不断地提高、创新,从而提升成套动作的价值。

(5)托举与动力性配合的设计:这个创编是一个比较费脑筋的工作,它需要运动员有默契的配合和协同用力的能力,要使托举与动力性配合的动作设计,不断体现出它的创新性和合理性,是需要一定的时间和进行反复研究实验的。进行托举动作时尽量展示出尖子(被同伴托起的运动员)被托起的水平高度与底座(将另一名运动员托起的运动员)的肩轴不同关系(肩部以下或肩部以上);托举时能很好地展示出运动员的力量、柔韧和平衡能力;在做动作时改变动作的形式,使尖子的身体呈现出多种变化。

在成套动作编排过程中,局部的创编要与排练结合起来,即边编边练,并注意运用速度和速写的方法做好记录,也可通过视频摄像等手段进行记录,以免遗忘。

4. 成套健美操编排于修改

分段创编结束后,整套基本成型,即可进行全套的排练,但此时创编尚未结束,在整套操排练的过程中要从整体上(不同阶段仅从局部)检查创编的结果,即整套操的风格是否统一,操与音乐是否浑然一体,难度动作和高潮的安排是否合理,运动量是否适宜,队形与动作的配合是否恰当,特别是整套操的连接是否流畅,只有在成套排练时才能看得清楚。检查后的修改也是十分重要的创作过程,有些调整可能是关键性的校正,有的则可能是画龙点睛。在创编和修改中还应注意的是竞技健美操的时间短,队形动作的设计要精练,同样的手法不宜重复使用。例如,依次动作不必多次反复出现,有些运动员具备很好的柔韧性,在成套动作中时不时地来一个纵劈腿动作,这样降低了成套动作的复杂与创新性,也同时给人以累赘感。有些设计从局部看是精彩的,但在整套操的排练中才发现是多余的,这时候应该果断割舍,进行调整。

5.撰写文字说明与绘图

此项是为长期保留、教学、研究、交流、出版而采用的。

为使初学者对竞技健美操总体方案的设计有一个较系统且简明客观的了解,下面介绍一种以列表的形式设计健美操成套动作方案的方法:

表 5-3-1　健美操成套动作设计方案表

项目名称:　　　　　　　　风格:　　　　　　　　音乐:

时间:　　　　　长度:　　　　　难度:　　　　速度:＿＿＿拍/10 秒

内容					
部分	段落	主要动作	主要队形(路线)	节拍	备注
开头	1				
主体	2				
	3				
	4				
	5				
结束	6				

学以致用

1.健美操基本动作分为几类?它们是什么?

2.竞技健美操难度动作共有几类?每类举 3 个例子。

3.健身健美操和竞技健美操音乐的速度一般为 10 秒钟多少拍?

4.在剪接竞技健美操音乐时应注意些什么?

5.在网上下载 GoldWave 这个软件并尝试操作剪接一首音乐。

6.依据健身健美操音乐选配的特点,自己选择 3 段适合健身健美操的音乐。

7.个人创编一套健身健美操小组合。

8.以 6～8 人为 1 小组,创编一套健身健美操,期末参加选项班或全年级的健美操创编比赛。

知识拓展

专家提示:健身减肥操的练习时间,必须不间断地进行 40～60min 以上,才能达到减肥效果;运动强度维持在最大心率(220－年龄)的 65％～80％为最佳;练习密度每周进行

3～5 次,并做到持之以恒;力量练习次数:每个部位每周 3～4 次,每次 3～4 组,每组竭尽全力完成。练习后应进行一些伸拉运动及局部的揉捏,加强放松,以利于身体的恢复。下列情况发生时应停止运动:

1. 双腿感到疲劳或动作不协调;

2. 任何疼痛变得明显;

3. 出现头晕目眩;

4. 心率过速。

健身指标区:健身指标区即指有氧运动范围,在这个范围内,心率次数越高,对身体影响越大,锻炼价值越明显。如果超过上述范围,则是无氧代谢练习,这样不会保持较长的持续时间;如果小于上述范围,强度偏小,只是轻微活动,锻炼效果则不明显。一般情况下,20～30 岁的青年学生,健身锻炼最低的心率要在 135 次/min 以上。

集体项目的队形变化:在队形变化过程中,或直接转换、或依次转换、或在动作过程中转换,可以演示出各种各样的队形。如直线、平等线、弧线、三角形、圆形、方形、箭形、丁字形等等及各种不规则、不对称的队形,这些队形具有强烈的流动感,整个场面始终处于绵绵不断的运动变化之中。

操化单元(AMP Sequence):操化单元是指一个完整 8 拍的操化动作,如果该段不足 1 个 8 拍,将不被认为一个操化单元。在成套健美操竞赛中必须出现一定数量的操化单元。

购鞋小诀窍:运动的时候脚会因为充血而胀大,因此尽量在下午或运动 1 小时后买鞋。如果在其他时间买鞋,要选稍微大一点的鞋。

健美操音乐剪接程序:(1)选配音乐;(2)确定速度:用相关软件(如:GoldWave、SoundForge)进行速度调整;(3)分析元素:分析哪些声音或者段落需要,哪些不需要;(4)确定需要的元素:将确定的声音元素保存起来;(5)剪接:包含了升调、降调、拷贝、粘贴、渐进渐出、左右声道互换、编写节奏等剪接方法;(6)混缩:将多声部音轨混合到一起,打击乐节奏、节奏人声、动效、声道比例调整合成;(7)输出声音格式(保存):将输出的音乐以 WAVE 格式或 MP3 格式进行储存;(8)刻录光碟:将保存的声音刻录成 CD 机可以识别的音乐光碟。

第六章　健美操运动的竞赛组织与规则

应知导航

本章主要讲述三个内容：

健美操运动竞赛组织与要求，把竞技型健美操和健身型健美操组织与要求进行的阐述，概括了健美操竞赛的意义、种类与内容，详细阐述了要组织一场健美操竞赛的前期、中期和后期的组织和内容的分配，有了这些准备才能使比赛能顺利、圆满、成功的举行。

健美操运动竞赛常用规则和裁判法。主要把竞技型健美操和健身型健美操的规则和裁判法详细地进行了阐述，在各类健美操比赛过程中都能适用。

校园小型竞赛与活动的组织与实施。校园小型健美操比赛的目的主要是能更好地让在校学生加入健美操运动中来，达到全民健身的效果。

第一节　健美操运动竞赛组织与要求

一、健美操竞赛的意义、种类及内容

（一）健美操竞赛的意义

1.扩大社会宣传面，使更多的人了解健美操，热爱健美操；

2.有利于提高该运动项目的技术水平；

3.促进对健美操运动发展方向的研究，使该项运动的技术向更健康的方向发展。

（二）健美操竞赛的种类

1.健身性健美操竞赛：以锻炼身体、推动群众性运动及提供社会参与性为目的。

2.竞技性健美操竞赛：以夺冠和提高技术水平为目的。目前有男子单人、女子单人、混合双人、三人和集体五人、有氧舞蹈、有氧踏板等项目。

（三）健美操竞赛的内容

1. 规定动作竞赛：规定动作比赛时主办单位根据比赛目的、任务、参赛对象层次以及不具备创编和评审条件等因素而特意在赛前创编好的成套动作，为参赛队共同的比赛套路。

2. 自编动作竞赛：自编动作比赛是参赛单位按照赛前下发的竞赛规则和特定的竞赛规程要求，进行不同项目的自编动作比赛，每个项目都有严格的评分规则。

二、健美操竞赛的组织

健美操竞赛的组织是一项复杂而又细致的工作，直接影响比赛的质量和预期的效果。在赛前、赛中及赛后都要进行一系列的工作，每个环节都十分重要，一环紧扣一环，缺一不可。

（一）召开主办单位筹备联席会议

由主办单位或负责人召集有关单位及部门的相关人员出席会议。会议的主要内容是协商并落实有关竞赛的具体事宜，包括确定承办单位、经费来源、比赛日期、地点、规模等。成立竞赛筹备办公室，确定办公室成员，将任务分工落实到具体的人。

（二）制定竞赛规程

竞赛规程是组织比赛的重要的指导性文件，是比赛筹备工作的依据，也是参赛单位、运动员、教练员及裁判员必须执行的标准。竞赛规程应由主办单位制定，一般应至少提前三个月下发给各个部门，以便参赛单位有充分的时间准备并安排好各项事宜。竞赛规程应简明、准确，使执行者不易产生误会。

竞赛规程一般应包括以下内容：

1. 比赛的名称：包括年度（届）、性质、规模、名称（包括比赛总杯名和分杯名）。如×××年"×××"杯全国×××健美操锦标赛。

2. 比赛的目的：简述举行本次比赛的目的。

3. 比赛的时间和地点：要详细、清楚地写明比赛的年、月、日和地点。若具体的比赛地点在下发规程前还不能确定，则要先将比赛所在的城市写清楚。

4. 参加单位的条件：限定参加者的范围，要具体、明确。

5. 竞赛的项目：对本次比赛参加项目、内容和时间的规定。

6. 参赛的办法：说明采取什么样的比赛方式、一次性还是分预赛和决赛、是否按技术水平及年龄分组、是单项赛还是团体赛或单项、团体赛都有。在某种比赛方式中的特殊规定一定要注明。

7. 参加人数及年龄：规定每个单位参赛的人数、参赛运动员的年龄要求。

8. 评分方法：说明比赛采用什么评分规则和计分方法，团体赛和单项赛的录取办法。

9. 录取名次及奖励办法：根据比赛的规模说明评几个奖项，每个奖项设几名，是否有奖品或奖金等。

10.报名和报到:说明报名的方式及要求,截止日期。比赛报到的时间、地点、乘车的路线、联系电话等都要很清楚。

11.其他:凡不包括上述内容的所有事宜均可列入该项中。

(三)建立竞赛组织机构

根据比赛规模的大小,成立相应的组织机构。全国性比赛由主办单位和承办单位共同协商确定大会组织委员会成员,包括主办单位负责人、赞助单位负责人、承办单位和当地体委的负责人,上级领导机关的代表和有关知名人士以及总裁判长。组织委员会一般设主任1人,副主任1人,委员若干人。它是比赛大会的最高领导机构,在其下属的是各办事机构。根据比赛规模决定成立几个分部门。大规模的或大型综合性比赛,部门分得很细,各部门责任具体、细致。中小型比赛则可以设几个部门或只安排具体的人分别负责这几方面的事宜。以全国性比赛为例分为以下几个部门。

大会组委会:

一、大会办公室

1.秘书处

2.集资处

3.新闻处:广告、宣传报道、标语牌、横幅及新闻发布会

4.保卫处

5.接待处:接站、送站、定返程车票

二、竞赛处

1.场地

2.设备

3.编排年秩序册、组织抽签、排序等

三、仲裁委员会

四、裁判委员会

1.裁判员

2.检录员

3.记录员

4.视线员

5.播音员

五、科研处

(四)领队和教练员、裁判联席会议

领队和教练员是竞赛中一项重要内容,是参加对于大会及裁判员沟通的主要途径之一,双方都应重视。一般由组委会主持,各处负责人及裁判长参加。通常在赛前、赛后各

安排一次。

赛前领队、教练员会议主要内容包括：

1.介绍比赛的准备情况。

2.介绍大会主要部门的负责人和主要工作人员。

3.宣布大会竞赛日程及有关规定。

4.解答和解决参赛队提出的有关问题。如：比赛安排、生活、规程及规则等方面。如果在规则和技术方面的问题较多,还应单独召开领队、教练员技术会议,由裁判长详细解答。

5.抽签排定比赛出场顺序。如果时间允许,采取公开抽签的办法由各队自己抽签比较好。如时间不允许,可提前进行抽签,但必须要有组委会委员或有关人在场监督执行,由指定人员代理抽签。这项工作应在领队、教练员会议上专门交代,以免引起误解。

（五）比赛的进行

1.开幕式

（1）由主持人宣布比赛开幕式开始。

（2）运动员入场式。

（3）介绍领导和嘉宾。

（4）领导讲话,运动员及裁判员代表宣誓。

（5）运动员退场。

2.比赛进行

（1）赛前检录:一般赛前20分钟按出场顺序第一次检录,赛前5分钟第二次检录。

（2）运动员外场准备,有播音员向观众介绍裁判委员会和裁判员。

（3）运动员有播音员宣告后上场向裁判员示意,做好准备姿势,有放音员播放音乐。

（4）运动员在音乐伴奏下完成整套动作。

（5）裁判员进行评分并公开示分,播音员宣布得分。

（6）记录员记录每名裁判员的分数和运动员的最后得分。

（7）赛后,记录单经裁判长确认无误后再签名,交总记录处存根。

（8）成绩由总记录处统计后得出比赛名次。

3.闭幕式及发奖

（1）主持人宣布闭幕式开始。

（2）裁判长宣布比赛成绩(获奖名单)。

（3）获奖运动员入场。

（4）请领导或某知名人士为获奖运动员颁奖。

（5）运动员退场。

（6）可安排优秀运动员表演或专门组织的表演。

（7）领导致闭幕词。

(8)宣布比赛胜利结束。

4.比赛的收尾工作

编制和印发成绩册;安排各队离开赛区的事宜;场地、器材、服装、用具等物资设备的清理工作;财务结算;工作总结;上报上级主管部门。

三、运动员、教练员、裁判员守则

(一)运动员守则

1.拥护中国共产党,热爱社会主义祖国,坚持四项基本原则,刻苦学习,全面发展,为锻炼成为社会主义事业的接班人而努力。

2.有理想、有道德、有文化、有纪律为振兴中华作贡献。

3.认真参加训练和比赛,服从领导,尊重教练,完成训练任务。努力提高运动技术水平。

4.赛出风格,赛出水平,胜不骄败不馁,尊重裁判,尊重对手,尊重观众。

5.认真对待每场比赛,奋力进取,顽强拼搏,反映出当代学生运动员的精神风貌和体育道德。

6.团结友爱,关心集体,严于律己,勇于开展批评与自我批评,反对自由主义。

7.讲文明、讲礼貌、讲卫生、讲道德、守纪律,爱护公物。

8.尊重领导,服从组织,遵守校规和大会纪律,真正做到令行禁止。

(二)教练员守则

1.拥护中国共产党,热爱社会主义祖国,忠诚党的教育事业,以身作则,培养德智体全面发展高素质学生而努力。

2.严格管理,加强思想政治教育。关心热爱学生,以身作则,为人师表,教书育人。

3.认真做好赛前准备和临场的指挥,赛后认真总结。讲文明、讲礼貌。尊重裁判,尊重大会工作人员。

4.发扬民主,关心和爱护运动员,不打骂和变相体罚运动员。认真爱好和管理好运动员。

5.坚持真理,发扬正气。在训练、比赛和生活诸方面作运动员的表率,比赛期间不酗酒。

6.教练员之间相互尊重、相互学习、相互支持、团结协作,不搞不正之风。遵纪守法,维护社会公德,模范地执行各项规章制度,敢于同不良倾向作斗争。

(三)裁判员守则

1.拥护中国共产党,热爱社会主义祖国,热爱体育竞赛裁判工作。

2.努力钻研业务,精通规则和裁判法,积极参加实践,谦虚谨慎不断提高业务水平。

3.严格履行裁判职责,做到严肃、认真、公正、准确。

4.作风正派,不徇私情,坚持原则,讲文明、讲礼貌、敢于同不良倾向作斗争。

5.裁判员之间相互学习、相互尊重、相互支持、团结协作。服从领导,遵守纪律。

6.临场执行任务精神饱满,服装整洁,仪表大方。

第二节　健美操运动竞赛常用规则和裁判法

一、健身健美操(舞)

(一)总则

1.比赛目的与宗旨

大力发展全民健身事业,着眼于百姓大众对生活品质的追求,深入研究新时代背景下群众体育需求的新特点、新要求和新思路,深层次挖掘多元健身形式,大力发展全民健身事业,大力推广科学健身方法,全面提高全民健康水平,激励广泛的健身人群参与,展示多元的健身文化形式,提供科学的健身指导理论,弘扬时尚的体育健身思想,提升品位的健身文明生活。

2.参赛组别

(1)年龄分组:

A.学校组:幼儿组、小学组、中学组(初中组、高中组)、大学组(普通院校组、体育院校组)、精英组(高校高水平运动队及运动训练专业);

B.社会组:青年组、中年组、老年组。

(2)内容分组:

A.时尚健身操(舞)

自选动作:有氧健身操、有氧健身舞、自由健身舞、健身轻器械操、轻器械健身舞、表演轻器械操、表演轻器械健身舞、有氧踏板操、有氧舞蹈(AERO-DANCE)

规定动作:2010 年《全国普及组有氧健美操规定动作》

2011 年《全国普及性健美操全民推广套路》

2012 年《全国全民健身操等级推广规定动作》

B.时尚健身课程

自选动作:传统有氧操(HI-LOW)、健身舞蹈(FIT DANCE)、有氧搏击(KICK BOXING)、形神课程(MIND BODY)、健身踏板(FIT STEP)、动感单车(SPINNING)、健身球(FITBALL)、健身杠铃(BODY-PUMP)

C.大众锻炼标准

规定动作:少年组 1～3 级、《全国健美操大众锻炼标准》2 级、3 级、4 级、5 级、6 级套路。

D. 广场健身操（舞）

规定动作：2013 广场健身操舞规定动作

自选动作：广场健身操、广场健身舞

E. 街舞

规定动作：2012 年健酷街舞规定动作

2013 年时尚街舞推广动作

自选动作：传统街舞（Old School）、流行街舞（New School）

F. 民族健身操（舞）

自选动作：民族健身操、民族健身舞、民族器械健身操、民族器械健身舞

3. 参赛人数

参赛队员性别不限，人数分为：6～24 人

4. 自选动作成套比赛时间为：2 分±10 秒，有氧舞蹈、有氧踏板比赛时间为：1 分 30 秒±5 秒

5. 比赛场地：12m×12m

6. 着装仪容

男、女运动员着装款式不限，适合运动，可适量添加服装配饰，如：飘带、亮片、适宜的设计图案等；男女运动员着装应整洁美观，头发不遮脸，允许化淡妆，不得佩戴任何首饰和手表（民族健身操舞例外）；必须着合适内衣，不得过于暴露，不得显露文身，不得造型怪异；服装上禁止描绘战争、暴力、宗教信仰或性爱主题的元素；着比赛服领奖。

（二）竞赛组织

1. 裁判的组成及职责

（1）高级裁判组

A. 负责控制整个裁判工作，按照规则对裁判员和裁判长的评分进行调控，以保证最后得分的正确性。

B. 记录各裁判员打分的偏差，如反复出现偏差，高级裁判组将有权警告或更换裁判员。

（2）裁判长

A. 赛前组织裁判员学习竞赛规程和竞赛规则，负责裁判员分工、临场抽签等工作；

B. 根据评分规则依据相关违规情况进行裁判长减分。

（3）裁判员

A. 严格遵守竞赛规程、评分规则和裁判员誓言；

B. 按规定着装，如服装不符合要求时，取消其裁判员资格；

C. 准时到达裁判地点，不能擅自离开，不得以任何方式同其他裁判员、观众、教练员

和运动员说话或示意,如有违反,将给予警告或处罚;

D. 保留成套动作的评分记录,必要时递交高级裁判组或裁判长;

E. 当裁判的评分或与高级裁判组之间出现严重不一致时,要求给予合理的解释,并在赛后协助分析。

(4)计时裁判

按照规则记录成套时间的错误,填写减分表并及时向裁判长报告。

(5)记录长

按照规则对评分进行统计工作的组织与实施。

(6)检录长

按照赛程要求,组织运动员比赛入场以及颁奖入场检录工作。

(7)放音员

负责开、闭幕式音乐的准备和播放;负责收集各队比赛音乐盘,并进行整理排序、播放音乐、保管、退回等工作。

(8)播音员

负责收集各队资料,在高级裁判组的指挥下,介绍全民健身操的竞赛规则,对参赛顺序以及比赛的结果进行播报。

2. 成套评分办法

评分因素	评分内容	分值
成套创编	成套编排主题突出,项目特征显著,动作内容新颖、多样,连接自然流畅,操舞(或民族舞蹈)动作设计风格特点突出;充分挖掘器械属性,完美展示轻器械动作语汇;开始和结束动作创编应表现出艺术性和表演性。	2分
场地空间与队形	成套动作需最大限度地使用比赛的场地,有效利用三维空间的变化,正确处理运动员与器械的关系;队形设计新颖合理,变化清晰、流畅,体现团队配合意识。	2分
音乐与表现	成套动作的设计与音乐的节奏、动效相吻合;运动员通过高规格的动作技巧,干净利落、娴熟地完成成套动作,表演热情洋溢,将运动、激情、表演融为一体,表现出运动员的健康自信与活力,彰显团队表演的感染力。	2分
技术技巧	运动员合理运用身体能力(力量、爆发力、柔韧、速度、耐力和灵敏性)表现出正确的动作技术、使用器械的娴熟性以及完美完成动作的能力;全体队员在完成成套动作过程中,必须表现出对动作的速度、方向及身体位置的整体控制能力。	2分
一致性	集体动作整齐划一,暨全体队员必须同步完成动作,主要体现在动作的幅度、速度、轨迹、合拍,队形移动变化的一致性与表演能力的一致性等。	2分

3. 裁判长减分

(1)运动员在叫到后 60 秒未出场视为弃权;

(2)被叫到后 20 秒未出场,减 0.2 分;

(3)时间偏差(时间在 5 秒以内的时间偏差),减 0.2 分;

(4)运动员的着装、仪容不符合规定,减 0.2 分;

(5)运动员比赛时掉物或装束散落,减 0.2 分;

(6)托举的数量违例,每次减 0.5 分;

(7)器械种类超过两种,减 0.5 分;

(8)因动作失误器械掉地,运动员不捡起判为失去器械,减 0.5 分;

(9)托举违例,每次减 1.0 分;

(10)参赛人数不符合规定,减 1.0 分;

(11)违反安全特殊规定,每次减 1.0 分。

4. 最后得分

(1)裁判员评分精确到 0.1 分,运动员最后得分精确到 0.01 分。得分高者名次列前,若得分相等,则名次并列。

(2)最后得分=裁判员平均分(去掉最高分、去掉最低分,取中间分的平均分)－裁判长减分

5. 特殊情况处理

运动员在遇到以下特殊情况时,应立即停止做动作并向裁判长反映,在问题解决后重新比赛,比赛结束后提出的要求将不被受理。

(1)播放错误音乐;

(2)由于设备问题而出现的干扰——音乐、灯光、舞台、会场等。

6. 运动员更换

确认报名后不得更换参赛选手。如确因伤病或特殊情况需更换,必须在比赛开始前 24 小时持大会医生证明或相关证明提出申请,由组委会同意后方可更换。

7. 参赛者纪律与处罚

(1)拒绝领奖者取消所有比赛成绩与名次;

(2)检录 3 次未到者取消该项比赛资格;

(3)对不遵守大会相关纪律、不尊重裁判和大会工作人员、有意干扰比赛者将视情节给予以下处罚:

A. 警告;

B. 取消比赛资格;

C. 取消其获得的与参赛项目相关的运动员、教练员、裁判员的等级资格;

D. 终身取消相关赛事资格。

二、竞技健美操

（一）总则

1.竞赛项目分为：

男子单人、女子单人、混合双人、三人操、集体五人、8 人有氧舞蹈、8 人有氧踏板。

2.运动员年龄

参加国际体联成年组竞赛的运动员,参赛的当年必须年满 18 周岁。

3.运动员服装

男运动员：必须着一件套比赛服或紧身背心、短裤与合体的内衣,以及适于运动的固定物（如护腰）;整套服装前后都不能有开口;袖口处不得在肩胛骨下有开口（无袖）;不允许有任何亮片;3/4 的裤长是允许的。

女运动员：必须身着带有肉色或透明裤袜的比赛服或连体衣,允许有亮片;紧身衣前后领口的开口必须得体,前面不得低于胸骨的中部,后面不得低于肩胛骨的下缘;腿部上缘的开口必须在腰部以下并且要遮住髂骨,比赛服必须完全遮住臀纹线;女装的两袖可有可无（1 个或 2 个均可）,长袖袖口止于手腕处;长裤袜和连体紧身衣都是允许的。

运动员必须穿白色的健美操鞋和运动袜;头发固定在头上,不准佩戴除发带、发卡外任何装饰品;女运动员可化淡妆;禁止穿着有描绘战争、暴力、宗教信仰为主题的服装,禁止佩戴饰物,比赛时不得露出内衣或打底衣。

4. 所有比赛项目的成套时间为:1 分 30±5 秒。

5.音乐：必须配合音乐完整地表演成套动作。任何适合竞技健美操运动的音乐风格均可被采用,可以用一首或多首乐曲混合,或加入特殊音响效果。比赛中每位运动员每套动作必须自备两张 CD 盘,每张 CD 中只能录制一首音乐,并标明运动员的所属队名、姓名、参赛项目的名称和音乐的长度,并在运动员报到时交给大会。

6.成套内容

成套动作必须表现健美操操化动作和难度动作的均衡性,手臂和腿部技术要领有力、定位清晰。

成套动作至少包含以下各组难度动作各一个,最多允许做 10 个难度动作：

A 组：动力性力量

B 组：静力性力量

C 组：跳与跃

D 组：平衡与柔韧

（二）竞赛方法

竞技健美操只进行自选动作比赛,自选动作必须符合规则要求。

比赛分为"预赛"和"决赛"两种。

预赛：凡报名参加竞赛的运动员，均需参加预赛。预赛中取得前8名成绩的运动员方可参加决赛。预赛中团体总分为各单项成绩之和，得分多者，名次列前，总分相等时，名次并列，下一名次为空额。

决赛：参加决赛的运动员，预赛的成绩不带入决赛，最终名次由决赛成绩决定，如成绩相等，名次并列，下一名次为空额。

（三）裁判的组成与职责

1.高级裁判组

（1）负责控制整个裁判工作，按照规则对裁判和裁判长的评分进行调控，以保证最后得分的正确性。

（2）记录各裁判员打分的偏差。

（3）监督整个比赛的进程，处理影响比赛进程的一切违纪或特殊情况。

2.裁判长

（1）组织裁判员进行规则学习，统一评分标准，研究评分细则。

（2）赛前5分钟召集裁判组人员准备入场。

（3）发出比赛开始信号，领导裁判组现场评分。

（4）检查评分情况如发现裁判不公正时，应向其提出批评，情节严重者应向仲裁委员会报告处理。

（5）在记录员的协助下，查看成套动作的时间，视情况给予扣分。

（6）检查评分差距，计算并出示最后得分。

（7）有权召集裁判员会商。

（8）对教练员、运动员行为错误给予扣分，情节严重者给予警告或取消其比赛资格。

（9）扣除违例扣分。

3.裁判员

（1）熟悉竞赛规程，精通竞赛规则及裁判法进行独立评分。

（2）必须在裁判员评分表上做好记录，作为评分依据，便于检查。

（3）遵守裁判员守则，按照规则进行评分。

（4）尊重并服从裁判长的领导，有权向裁判长用适当的方式在适当的场合提出意见。

由艺术裁判、完成裁判和难度裁判三组裁判组成。

A.艺术裁判评分标准：（10分）

（1）音乐和乐感（2分）。

（2）操化内容（2分）。

（3）主体内容（2分）：混双、三人、五人成套中要求有两次托举，包括开头和结尾。

（4）空间运用（2分）：场地运用、行进路线、空间维度运用及队形。

（5）艺术表现力（2分）。

B.完成裁判评分标准:(10分)

(1)评判成套动作的技术技巧,包括难度动作、动作编排(操化、过渡、连接、配合和托举)和一致性。

(2)轻微偏离正确的完成(小错误):每次减 0.1 分。

(3)明显偏离正确的完成(中错误):每次减 0.2 分。

(4)严重偏离正确的完成(大错误):每次减 0.3 分。

(5)失误:每次减 0.5 分。

C.难度裁判评分标准:(根据难度级别给分)

(1)成套动作中最多允许做 10 个难度动作,必须完成每个难度组别中的至少一个难度。

(2)地面动作难度最多不超过 5 个。

(3)C 组落地成俯撑的难度最多不超过 2 个。

(4)C 组落地成劈叉的难度最多不超过 2 个。

4.计时员

(1)了解比赛规则,熟悉成套动作规定时间。

(2)赛前实习计时器性能及使用方法。

(3)比赛时运动员动作开始开表,运动员最后动作结束时停表。集体项目第一人动作开始时开表,最后一人动作结束时停表。

(4)熟练、准确地向裁判长报告成套动作的时间。

5.检录员

(1)负责赛前点名、检录,并向运动员讲解有关比赛的注意事项。

(2)发现有弃权运动员应立即通知裁判长。

(3)比赛开始时或发奖时,负责带领运动员入场或退场。

6.记录员

(1)填写比赛评分表,记录各裁判员的分数。

(2)计算运动员的最后成绩。

7.总记录员

(1)登记并审核记录员填写的"比赛评分记录表"。

(2)准确、迅速计算出运动员名次,得分和团体总分及名次。

(3)比赛结束后,协助竞赛委员会编写成绩册,负责整理比赛用的所有表格资料。

8.放音员

(1)在运动员报到时负责收存比赛用的音乐带,根据比赛出场顺序进行编号。

(2)比赛结束把录音带及时归还运动员,比赛过程中,不准任何人借用或复制录音带。

（四）最后得分

艺术分（最高 10 分）、完成分（最高 10 分）与难度分（除以 2 或 1.8）相加为总分。

从总分中减去难度裁判、视线裁判与裁判长减分为最后得分。

（五）比赛场地

1.赛台高 80~140cm,后面有背景遮挡,赛台不得小于 14m×14m。

2.比赛地板必须是 12m×12m。

3.比赛的场地为 10m×10m,包括标记带。

第三节　校园小型竞赛与活动的组织与实施

一、成立竞赛组织委员会

根据比赛规模的大小,成立相应的组织机构,组织委员会一般设主任 1 人,副主任 1 人,委员若干人。它是比赛大会的最高领导机构,在其下属的是各办事机构。根据比赛规模决定成立几个分部门。校园的小型比赛只需几个部门即可:

（一）总负责人 1 人:负责制定和实施活动计划和总体安排。

（二）场地音响管理员 1 人,负责安排和落实场地和音响设备,以及比赛时音乐的播放。

（三）组织宣传负责人 1 人,干事若干。负责报名、收费、通知、宣传等活动。

（四）现场主持 1~2 人,负责比赛现场的出场顺序、播报成绩,调节气氛、控制节奏等。

（五）经费预算、开支等 1 人。

（六）安全负责若干人。

二、制定竞赛规程

竞赛规程是组织比赛的重要的法规性文件,具有权威性和指导性,是比赛筹备工作的依据,也是参赛单位、运动员、教练员及裁判员必须执行的标准。竞赛规程应由主办单位制定,一般应至少提前三个月下发给各院系,以便参赛单位有充分的时间准备并安排好各项事宜。竞赛规程应简明、准确,使执行者不易产生误会。

竞赛规程一般应包括以下内容:

（一）比赛的名称:包括年度（届）、性质、规模、名称（包括比赛总杯名和分杯名）。

（二）比赛的目的:简述举行本次比赛的目的。

（三）比赛的时间和地点:要详细、清楚地写明比赛的年、月、日和地点。

（四）参加单位的条件：限定参加者的范围，要具体、明确。

（五）竞赛的项目：对本次比赛参加项目、内容和时间的规定。

（六）竞赛的办法：说明比赛采用什么评分规则和计分方法，采取什么样的比赛方式、一次性还是分预赛和决赛，有特殊规定一定要注明。

（七）参加人数及要求：规定每个单位参赛的人数、男女运动员的人数要求等。

（八）录取名次及奖励办法：根据比赛的规模说明团体赛和单项赛的录取办法，各奖项设置，是否有奖品或奖金等。

（九）报名和报到：报名的方式及要求，截止日期。比赛报到的时间、地点、联系电话等都要很清楚。

（十）未尽事宜：再发补充通知。

三、裁判的组成

（一）仲裁委员会 2～3 人

（二）裁判员 4～8 人

（三）检录员 1～2 人

（四）记录员 1 人

（五）视线员 2 人

四、比赛进行

1. 赛前检录：一般赛前 20 分钟按出场顺序第一次检录，赛前 5 分钟第二次检录。

2. 运动员外场准备，由播音员向观众介绍裁判委员会和裁判员。

3. 运动员有播音员宣告后上场向裁判员示意，做好准备姿势，有放音员播放音乐。

4. 运动员在音乐伴奏下完成整个曲目。

5. 裁判员进行评分，播音员宣布得分。

6. 记录员记录每名裁判员的分数和运动员的最后得分。

7. 赛后，记录员经裁判长确认无误后，交总记录处存根。

8. 成绩由总记录处统计后得出比赛名次。

学以致用

1. 如何组织一次成功的健美操比赛？

2. 在健美操比赛中对运动员有哪些要求？

3. 在健美操比赛中裁判长的主要职责有哪些？

4. 健美操的评分特点有哪些？

第七章　啦啦操

应知导航

　　啦啦操是一项集舞蹈、体操、技巧等运动特点于一体的时尚、动感的体育运动项目,它以独特的项目魅力迅速赢得广大青少年的喜爱。本章为你介绍啦啦操运动的发展历程和基本内容,提供最具特色的花球啦啦操动作范例供学生们练习。通过本章的学习,能对当代大学生的身心健康起到积极的影响作用,可以提高学生的团队意识和人际交往能力,培养学生的气质和美感,塑造优美体态。

第一节　啦啦操概述

　　啦啦操是一项起源于美国并发展了 100 多年的运动项目,是运动员伴随音乐集体完成基本手位与舞蹈动作、难度动作、过渡配合等内容,展示团队高超的运动技术技巧,体现团队精神与集体荣誉感的一项体育运动。作为一项时尚、动感的竞技体育项目,它不仅具备了很强的观赏性、参与性及娱乐性,并以它独特的项目魅力吸引了广大青少年的喜爱与参与。

一、啦啦操的起源与发展

（一）啦啦操的起源

　　在原始氏族社会初期,族人用欢呼、手舞足蹈的方式为外出打仗或狩猎的战士们举行出征仪式,以此鼓舞士气,这是啦啦操的初始状态。公元前 776 年的古希腊,在第一届奥林匹克运动会上,人们为他们所喜爱的运动员加油呐喊,这也是啦啦操的早期萌芽状态。

　　1887 年耶鲁大学的学生约翰尼坎贝尔与其他学生观看橄榄球比赛时一起呐喊为球队助威。1889 年约翰尼坎贝尔转到明尼苏达大学后注意到没有人为橄榄球队呐喊,于是他跳到场地中带领观众一起呐喊,第一个有组织的啦啦操队由此诞生。

(二)啦啦操的发展

1889—1920年啦啦操运动在美国蔓延,但队员几乎都是男性。1920年,啦啦操运动员为吸引更多观众的注意,把体操与技巧的一些动作加入了啦啦操的欢呼过程中。此时由于女性体重较轻,配合动作中容易被托起,开始广泛纳入啦啦操队团体中。19世纪30年代,啦啦操开始对道具进行运用,花球就是最早出现的道具之一。

1939—1945年第二次世界大战美国青年男性必须服兵役,于是啦啦操开始成为以女性为主的运动。随着啦啦操运动的发展,啦啦操由简单的呐喊助威形式,逐步加入表演的内容和技巧性动作。

1955年德克萨斯州的劳伦斯赫基默开始为啦啦操运动员提供训练技术的交流平台,成立了美国啦啦操协会(National Cheerleaders Association)。1972—1974年世界啦啦操教练与运动员协会(UCA)成立,他们在举办的训练营中大量教授难度动作技术,在此期间啦啦操的动作技术得到飞速发展。

1975年UCA在啦啦操的大学训练营中使用音乐,标志着啦啦操运动首次使用音乐伴奏完成动作。1978年,美国哥伦比亚广播公司CBS的体育频道首次在全国范围转播"大学生啦啦操锦标赛"。1979年Varsity开始推进啦啦操产业发展,开始制造啦啦操的服装及道具。1980年,美国首届全国啦啦操锦标赛的举办及首次啦啦操规则的制定,拉开了啦啦操运动正式进入竞技比赛行列的序幕,现代啦啦操运动的雏形开始形成。1986年,国际舞蹈啦啦操联盟(Universal Cheerleaders Association)成立,从此啦啦操项目的分类较为清晰,根据内容的不同分为技巧啦啦操和舞蹈啦啦操。

20世纪80年代,啦啦操在世界范围内迅速发展。1987年,美国啦啦操教练协会AACCA(American Association of Cheer Coaches and Advisors)成立,它的主要作用就是以培训与考核教练员为主要目标。1998年,国际啦啦操联盟(International Cheerleading Federation)成立。2001年11月,首届国际啦啦操锦标赛在日本举行,芬兰、德国、日本、挪威、斯洛文尼亚、瑞典、英国和中国台湾等9个国家或地区参加了此次比赛,啦啦操正式提升为国际体育竞赛项目。2002年,美国的USASF(美国全明星啦啦操协会)诞生,创建了竞赛的规则与评分系统,加强了对全明星教练队伍的培训。并从2004年开始每年举办世界全明星啦啦操锦标赛,每年参赛人数达1.8万~3万人,观看比赛的观众达3万~5万人。2010年在美国举行的世界啦啦操锦标赛中超过60个国家,600多支队伍,2万多名运动员参加。

英国也有个啦啦操协会,2004年加入英国啦啦操协会的运动队有400多支,运动员7000多名。英国国内比赛中观众最多的一次达61000人,且参与人群呈逐年增长态势。在亚洲,开展啦啦操运动最早的国家是日本,发展较好的还有印度尼西亚、泰国、菲律宾、马来西亚、新加坡、韩国等国家和中国香港、台湾地区,中国大陆的啦啦操运动起步晚,但近几年发展也较快。各国每年都有自己的培训和赛事体系,亚洲每年都举办亚洲啦啦操国际公开赛。

目前全世界有 100 多个国家或地区开展啦啦操运动,参加该项目的人数超过 1200 多万。国际上的啦啦操组织机构有国际啦啦操联盟(ICF)、国际啦啦操联合会(ICU)、国际全明星啦啦操联盟(IASF)等。

(三)啦啦操在我国的发展

啦啦操在我国的起步较晚,1999 年 8 月,中国大学生健美操艺术体操协会(CSARA)发起并起草中国啦啦操运动开展及设想方案。2001 年,该协会撰写了我国第一本有关啦啦操的规范文件——《中国学生啦啦操竞赛评分规则(第一版)》,并于同年 4 月正式颁布实施。同时在广州举办首次啦啦操教练员及裁判员培训,特聘请来自美国 UCA 协会的啦啦操专家来授课,这次培训班开启了我国啦啦操运动发展的新纪元。2001 年 9 月,在第九届全国运动会开幕之际,中国大学生健美操艺术体操协会在广州成功举办了首届中国大学生啦啦操大赛,推动了啦啦操在高校的开展。

2004 年 6 月 CSARA 举办了全国啦啦操教练员及裁判员培训班,首次推出中国啦啦操专业教练员及裁判员认证体系及啦啦操规定套路。2005 年,国家体育总局体操运动管理中心开始关注啦啦操运动,并与相关国际组织进行交流合作。CSARA、IASCA 从 2005 年至今每年都举办中国全明星啦啦操锦标赛暨世界啦啦操锦标赛中国啦啦操队选拔赛。2006 年,CSARA 成立了第一个中国啦啦操专业委员会,并于同年组队参加了在美国奥兰多举办的世界啦啦操锦标赛,这是我国首次参加国际啦啦操大赛,标志着中国啦啦操运动正式迈入国际啦啦操运动的大舞台。这些年来,中国大学生健美操艺术体操协会(CSARA)一直致力于啦啦操运动在校园的推广与普及,共举办过六届中国学生啦啦操锦标赛,啦啦操运动正式被列为学校体育竞赛的正式比赛项目。此外,中国蹦床技巧协会也开始举办啦啦操教练员、裁判员培训班,并把啦啦操纳入全国技巧锦标赛和冠军赛的正式比赛项目。2009 年,中国蹦技协会开始单独举办全国啦啦操锦标赛和冠军赛。2010 年啦啦操作为全国体育大会正式比赛项目纳入技巧比赛中。

啦啦操运动在我国虽然只有 13 年的发展历程,但它以其独特的项目魅力赢得了我国广大青少年的喜爱。我国每年都会举办各种不同层次和类别的啦啦操比赛与活动,如:"迪士尼歌舞青春全国啦啦舞挑战赛"、"2008 北京奥运啦啦操选拔赛"、"青啤 NBA 啦啦操选拔赛"等,特别是在 2008 年北京奥运会和亚运会的体育展示现场中,我国啦啦操队员的精彩表演,吸引了国内外众多主流媒体的高度关注。媒体的强势宣传使得参与、关注此项运动的人群越来越多。2009 年全国啦啦操冠军赛(国家体育总局体操运动管理中心主办)参赛人数近 700 人,当年的中国学生啦啦操锦标赛(中国大中学生体协主办)参赛人数达 1500 多人。

中国蹦床技巧协会啦啦操分会、中国大学生体协均建立了较为完善的教练员、裁判员培训体系和赛事体系,每年分别都举办教练员、运动员、裁判员培训及啦啦操全国锦标赛、冠军赛、系列赛。2011年国家体育总局体操运动管理中心推广发行了《全国啦啦操推广普及规定套路及竞赛规程》,目的在于让啦啦操这项充满青春活力的运动走进校园、走进普通百姓日常生活中。

二、啦啦操的项目分类与特征

(一)啦啦操的项目分类

啦啦操根据成套内容的差异可分为技巧啦啦操和舞蹈啦啦操两个大项,技巧啦啦操包括集体技巧啦啦操、五人配合技巧啦啦操和双人配合技巧啦啦操三个小项;舞蹈啦啦操包括花球舞蹈啦啦操、爵士舞蹈啦啦操、街舞舞蹈啦啦操和自由舞蹈啦啦操四个小项。

表 7-1-1　啦啦操的项目分类

啦啦操	技巧啦啦操	集体技巧啦啦操
		五人配合技巧啦啦操
		双人配合技巧啦啦操
	舞蹈啦啦操	花球舞蹈啦啦操
		爵士舞蹈啦啦操
		街舞舞蹈啦啦操
		自由舞蹈啦啦操

(二)啦啦操的项目特征

啦啦操运动有别于其他运动项目最显著的特征,它是通过口号各种动作的配合难度的展现以及不同队形的转换,运动员之间的相互协调配合来共同完成团队目标,营造相互信任的组织氛围,激励运动员高昂的斗志,提高团队整体的凝聚力;在啦啦操运动中,既强调团队完成动作的高度一致性,又重视运动员个体不同能力的展示,使每个队员在参与团队的配合下能够在不同位置扮演不同的重要角色,形成一种风险共担,利益共享的集体意识。

1.技巧啦啦操的特征:在音乐的伴奏下,以跳跃、翻腾、托举、抛接、金字塔组合等技巧性难度动作为主要内容,配合口号、啦啦操基本手位及舞蹈动作,充分展示运动员高超的技能技巧的团队竞赛项目。

(1)集体技巧啦啦操:成套动作必须包含 30 秒口号、个性舞蹈、翻腾、托举、抛接、金字塔等动作内容,同时结合各种跳步、啦啦操基本手位动作及其他舞蹈元素、道具等,充分利用多种空间转换、方向与队形变化,展示高超的团队技能技巧及啦啦队运动项目特征。

(2)五人、双人配合技巧啦啦操：成套动作中由托举、抛接两类难度动作为主要内容，充分利用多种上架、下架动作以及过渡连接动作进行空间转换、方向与造型的变化，展示五人组团队高超的技能技巧。

2.舞蹈啦啦操的特征：在音乐伴奏下，运用多种舞蹈元素的动作组合，结合转体、跳步、平衡与柔韧等难度动作以及舞蹈的过渡连接技巧，通过空间、方向与队形的变化表现出不同舞蹈风格与特点，强调速度、力度与运动负荷，展示运动舞蹈技能以及团队风采的竞赛项目。

(1)花球舞蹈啦啦操：成套动作手持花球（团队手持花球动作应占成套的80％以上）结合啦啦操基本手位、个性舞蹈、难度动作、舞蹈技巧等动作元素，展现干净、精准的运动舞蹈特征以及良好的花球运用技术、整齐一致、层次、队形不断变换等集体动作视觉效果。

(2)爵士舞蹈啦啦操：成套动作由爵士风格的舞蹈动作、难度动作以及过渡连接动作等内容组成，通过队形、空间、方向的变换，同时附加一定的运动负荷，表现参赛运动员的激情以及团队良好的运动舞蹈能力。

(3)街舞舞蹈啦啦操：成套动作由街舞风格的舞蹈动作为主，强调街头舞蹈形式，注重动作的风格特征以及身体各部位的律动与控制，要求动作的节奏、一致性与音乐和谐一致，同时也可附加一定的强度动作，如包括不同跳步的变换及组合、或其他配合练习。

(4)自由舞蹈啦啦操：以某种区别于爵士、花球、街舞的形式出现，同时具有啦啦操舞蹈特征的其他风格特点、形式的运动舞蹈，如：各种具有民族舞风格特点的运动舞蹈。

三、啦啦操对当代大学生健身价值

(一)啦啦操对当代大学生身体健康的影响

啦啦操运动是一项集体操、艺术体操、技巧与舞蹈为一体的体育项目，通过锻炼不仅可以提高身体的协调性、柔韧性，还能有效增强肌肉和关节的力量。对呼吸系统的机能有良好的影响，它能提高呼吸深度，提高呼吸系统的功能储备，增强耐力。另外，还能改善肾脏的血液供应，促进其新陈代谢，增强体质。经常进行啦啦操练习，还可以改善身体形态、提高气质，消除体内多余脂肪，塑造令人羡慕的优美体型，使身体向着匀称和谐健美的方向发展。

(二)啦啦操对当代大学生心理健康的影响

啦啦操运动以其特殊的感染力，鲜明的节奏，奔放的旋律，青春洋溢的律动吸引着当代大学生，使他们可以淋漓尽致地展现青春活力、个性张扬的一面，增强自信心；通过啦啦操团队配合的练习方式，可以增强学生之间互相协作的精神和集体克服困难的勇气和决心，从而促进大学生合作意识，提高大学生情感表达和人际交往能力；此外，啦啦操有助于使人养成积极乐观，包容的心态。啦啦操表演的最主要目的是调动现场观众的热情、烘托活动的气氛,这就需要学生使用激昂的口号、丰富的肢体语言等手段与观众交流互动,带动观众的情绪。这些对提高大学生的情感表达和沟通能力有很大促进作用,有助于他们人际交往能力的提高。

(三)啦啦操对当代大学生社会适应能力的影响

啦啦操是一个典型的集体项目,学生在练习和交往中逐渐形成互相理解、互相信任、互相鼓励、互相督促的关系。使每个学生为了共同的目标一起努力,在努力协作下共同体验成功与失败,认识到自己与他人的关系,树立服从集体,严于律己,宽以待人的集体主义精神。通过训练、表演和比赛,团队精神、集体荣誉感得到进一步的提升。另外,啦啦操锻炼可以使学生提高反应和应变能力。

1. 在啦啦操这个舞台上,学生能有机会不断接触新的人和物,不断地锻炼自己消除紧张心理、正确地对待压力和负面因素,在新环境中敢于表现自己,不断加强对新环境的适应能力。

2. 啦啦操涵盖面较广,包括很多舞蹈元素,例如街舞、拉丁舞、爵士舞、民族舞等,不断学习新的舞蹈动作,可以提高学生的接受能力。

3. 对于不同的队形层次变换的适应及学习,不但可以锻炼学生的协调性及灵活性,还有利于提高学生临场应变能力和适应新事物的能力。

4. 啦啦操运动有利于提高学生的竞争意识,引领他们团结奋进永不言败,敢于竞争敢于挑战,充满自信的去展现,这样的竞争意识对学生将来走向社会面对新的生活和工作有很大的帮助。

四、校园啦啦操活动的开展

校园啦啦操活动的开展与组织不仅能够丰富大学生的课余生活,还能让学生欣赏美、发现美的能力得以提高,团队协作意识得到加强。形成生动活泼的校园体育氛围,促进学生全面和谐地发展。

校园啦啦操活动开展可以有很多途径。

1. 小型校园啦啦操比赛。根据比赛的目的和任务,啦啦操比赛可分为舞蹈啦啦操比赛和技巧啦啦操比赛两大类。舞蹈啦啦操比赛是涵盖花球、爵士舞蹈和街舞项目的普及性比赛,因此它的技术性要求与技巧啦啦操比赛相比较低,群众的参与面广。而技巧啦啦操比赛要求参赛者具有一定的身体训练水平和技术训练水平,对竞赛场地和安全措施方面都有较严格的规定。作为校园啦啦操竞赛,应以趣味性及安全性较高的舞蹈啦啦操作为竞赛与活动的代表。

2. 各类竞赛的啦啦操表演。在校园篮、排、足球等比赛的过程中,可进行丰富的啦啦操表演,活跃赛场气氛,激励运动员的竞争意识,同时也增加了比赛的观赏性,受到许多大学生的喜爱,越来越多的大学生加入啦啦操的行列,展示自己的青春风采。

第二节　啦啦操基本动作及范例

一、32个基本手位

32个基本手位是啦啦操的基本动作,也是啦啦操成套动作的重要组成部分,主要被使用于技巧啦啦操和花球啦啦操的成套舞蹈动作。

1. 上 M（up M）
图 7-2-1

2. 下 M（hands on hip）
图 7-2-2

3. W（muscle man）
图 7-2-3

4. 高 V（high V）
图 7-2-4

5. 倒 V（low V）
图 7-2-5

6. T（T）
图 7-2-6

7. 斜线（diagonal）
图 7-2-7

8. 短 T（half T）
图 7-2-8

9. 前 X(front X)

图 7-2-9

10. 高 X(high X)

图 7-2-10

11. 低 X(low X)

图 7-2-11

12. 屈臂 X(bend X)

图 7-2-12

13. X(X)

图 7-2-13

14. 上 A(up A)

图 7-2-14

15. 下 A(down A)

图 7-2-15

16. 加油(applauding)

图 7-2-16

17. 上 H(touch down)

图 7-2-17

18. 下 H(low touch down)

图 7-2-18

19. 小 H(little H)

图 7-2-19

20. L(L)

图 7-2-20

21. 倒 L(low L)
图 7-2-21

22. K(K)
图 7-2-22

23. 侧 K(side K)
图 7-2-23

24. R(R)
图 7-2-24

25. 弓箭(bow and arrow)
图 7-2-25

26. 小弓箭(bow)
图 7-2-26

27. 高冲拳(high punch)
图 7-2-27

28. 侧下冲拳(low side punch)
图 7-2-28

29. 斜下冲拳
(low cross punch)
图 7-2-29

30. 斜上冲拳
(up cross punch)
图 7-2-30

31. 短剑
(half dagger)
图 7-2-31

32. 侧上冲拳
(high side punch)
图 7-2-32

二、个性舞蹈

个性舞蹈是指区别于成套主体风格的第二风格操舞动作,如(莎莎、嘻哈、探戈、街舞、爵士等)组合,在成套中需要集中出现 4×8 拍。个性舞蹈是成套动作的亮点部分,在编排方面除了考虑舞蹈动作的设计,还可以用不同风格的音乐或节奏的转换来突出个性舞蹈的表演。

三、花球舞蹈啦啦操范例

花球啦啦操是舞蹈啦啦操里最典型的一个项目,它活力四射、动感十足的动作特点,最能展现当代大学生积极向上、朝气蓬勃的精神状态。无论是热辣动感的舞蹈动作还是节奏鲜明的音乐,以及耀眼的服装和五颜六色的花球都能为观众带来非同凡响的视觉效果,这就是花球啦啦操备受人们关注和喜爱的原因。花球啦啦操的表演性和感染性极强,它的身影遍布国内外各类体育比赛和演出的现场,它能够充分起到为运动员加油以及活跃赛场气氛的作用。

花球啦啦操的表演人数一般为 8 至 24 人,学生可以根据成套动作内容进行队形和层次的自由创编,从而增加成套动作的灵活性、复杂性和观赏性。

(一)动作组合一

第一个八拍

预备姿势　　　1　　　　2　　　　3　　　　4

5　　　　6　　　　7　　　　8

图 7-3-1

拍	下肢动作	上肢动作
预备	直立	两臂胸前屈,双手持花球
1	左脚开始左、右脚交替后踢腿跑8次	左臂侧上举,右臂保持不动
2		左臂不动,右臂侧上举(高 V)
3		两臂胸前屈,花球相击
4		动作同3
5		左臂侧下举,右臂保持不动
6		左臂不动,右臂侧下举(倒 V)

第二个八拍

1—4   5—8

图 7-3-2

拍	下肢动作	上肢动作
1—4	左脚前迈一步成单膝跪立	两臂胸前上屈,抖动花球4次
5—8	左脚后撤成并腿起踵立	两臂上举(上 H),抖动花球4次

第三个八拍

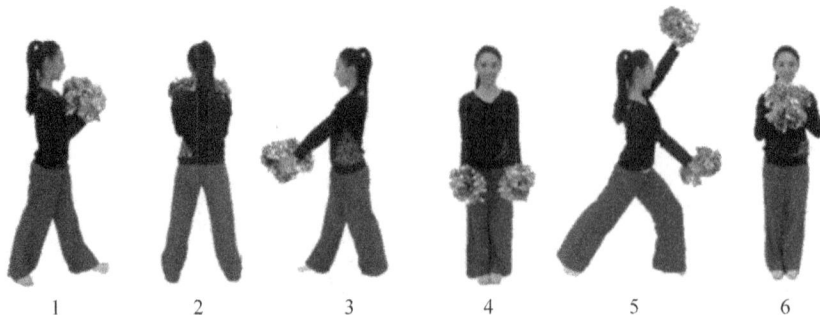

1   2   3   4   5   6

图 7-3-3

拍	下肢动作	上肢动作
1—2	左脚开始向左平转 360°	双臂胸前上屈
3		双臂下举(下 H)
4	右脚左并成直立	
5—6	左转 90°,左脚前迈一步成弓步	左臂前上举,右臂前下举(K)
7—8	右转 90°,左脚后撤还原成直立	两臂胸前屈,花球相击 2 次

第四个八拍

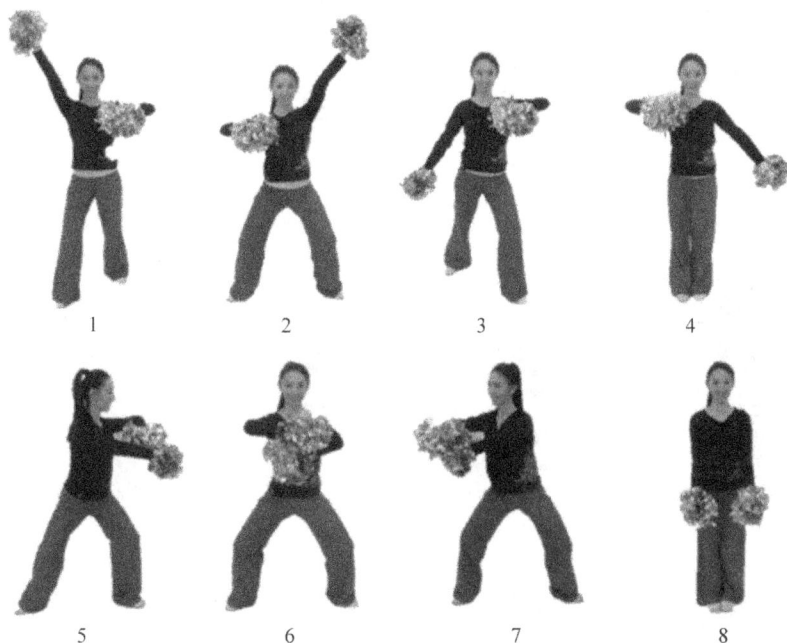

图 7-3-4

拍	下肢动作	上肢动作
1	右脚开始 V 字步一次	左臂胸前平屈,右臂侧上举
2		动作同 1,方向相反
3		左臂胸前平屈,右臂侧下举
4		动作同 3,方向相反
5	跳成开立半蹲	从左到右依次胸前绕臂 3 周
6—7	两膝弹动 2 次	
8	跳成直立	两臂放下,贴于体侧

(二)动作组合二

第一个八拍

图 7-3-5

拍	下肢动作	上肢动作
1	左脚向侧一步	两臂斜上举(高 V)
2	右脚并于左脚,脚尖点地	两臂胸前屈臂交叉(屈臂 X)
3	动作同 1－2,方向相反	两臂斜下举(倒 V)
4		两臂放下,贴于体侧
5－8	左脚向侧一步成开立,跨部依次左、右摆动 4 次	左手叉腰,右臂依次左、右摆动 4 次,头部摆动方向与手臂摆动方向一致

第二个八拍

图 7-3-6

拍	下肢动作	上肢动作
1－4	左脚开始左、右脚交替后踢腿跑 4 次	两臂胸前屈,花球相击 4 次
5	左脚向侧一步成半蹲	左臂侧平举,右臂胸前平屈(弓箭)
6	右脚左并成立踵直立	两臂上举(上 H)
7	右脚向侧一步成半蹲	动作同 5,方向相反
8	左脚右并还原成直立	两臂放下,贴于体侧

第三个八拍

图 7-3-7

拍	下肢动作	上肢动作
1	左脚向前一步,两腿屈膝	左臂贴于体侧,右臂胸前上屈
2	右脚向侧一步,脚尖点地	左臂不动,右臂上举
3—4	动作同1—2,方向相反	动作同1—2,方向相反
5	跳成右脚在前,左脚在后,两腿屈膝,左脚脚尖点地	两臂向侧打开,肘关节微屈,拳心向上
6—8	向左转体360°,还原成直立	两臂放下,贴于体侧

第四个八拍

图 7-3-8

拍	下肢动作	上肢动作
1—2	跳成开立	两臂斜上举(高 V)
3—4	屈膝半蹲	上体前屈,两手扶膝
5—6	两腿伸直,成开立	在额头前方绕臂 2 周
7—8	同 3—4	同 3—4

(三)动作组合三

第一个八拍

图 7-3-9

拍	下肢动作	上肢动作
1—2	并腿跳 4 次	左手叉腰，右手向上冲拳 2 次
3—4		动作同 1、2，方向相反
5	左脚向侧一步成分腿半蹲	从右到左依次胸前绕臂 4 周
6—8	保持分腿半蹲，膝盖弹动 3 次	

第二个八拍

图 7-3-10

拍	下肢动作	上肢动作
1	右脚向前一步，同时向前顶跨	两臂斜上举（高 V）
2	身体重心向后拉回原位，前脚点地	两臂胸前屈臂交叉（屈臂 X）
3	动作同 1、2	两臂斜下举（倒 V）
4		两臂胸前屈臂交叉（屈臂 X）
5—7	右脚后撤，向右转身 180°成弓步	右、左臂向右依次直臂绕环
8		两手扶右跨

第三个八拍

图 7-3-11

拍	下肢动作	上肢动作
1		双臂胸前上屈
2	左转 180°,左脚开始向前走 3 步	左臂下举,右臂上举
3		两臂侧平举
4	右脚并左脚	两臂放下,贴于体侧
5—6	并腿直立	低头,两臂胸前屈,花球相击
7—8		抬头,两臂侧平举(T)

第四个八拍

图 7-3-12

拍	下肢动作	上肢动作
1—2	左腿吸腿跳一次	
3—4	左腿大踢腿一次	保持两臂侧平举
5—6	动作同 1—2,方向相反	
7	动作同 3—4,方向相反	
8		两臂放下,贴于体侧

(四)动作组合四

第一个八拍

图 7-3-13

拍	下肢动作	上肢动作
1—2	跳成开立	两臂经胸前展开成侧平举
3—6	从左开始,左、右依次顶髋 4 次	左手叉腰,右臂依次左、右摆动 4 次,头部摆动方向与手臂摆动方向一致
7—8	并腿跳 2 次	两臂上举,花球相击 2 次

第二个八拍

图 7-3-14

拍	下肢动作	上肢动作
1	左脚向前一步	两臂左侧下举
2	左转 90°，右腿屈膝侧踢	两臂从后向前绕半周，成前上举
3	左转 90°，右腿向前一步	两臂放下，贴于体侧
4	左转 180°，左脚并右脚成直立	两臂胸前屈，花球相击
5	跳成分腿立	两臂侧平举
6	跳成并腿半蹲	上体前屈，两手扶膝
7	跳成分腿立	两臂上举
8	跳成并腿立	两臂放下，贴于体侧

第三个八拍

图 7-3-15

拍	下肢动作	上肢动作
1		两臂胸前交叉（前 X）
2	左脚开始向前走 3 步	两臂侧平举
3		双手叉腰（下 M）
4	右脚并左脚	
5		左手叉腰，右手向左斜下冲拳（斜下冲拳）
6	左脚开始原地踏步 4 次	左手叉腰，右臂经体前至侧上举（侧上冲拳）
7		左手叉腰，右臂向内绕环一周
8		两臂上举，花球相击

第四个八拍

图 7-3-16

拍	下肢动作	上肢动作
1	起踵立	两臂斜上举(高 V)
2	双腿屈膝	两臂斜下交叉(低 X)
3	双脚起跳,空中成双腿后屈姿态(C 跳)	上体稍右倾,左臂上举,右臂侧平举
4		两臂放下,贴于体侧
5—6	右脚后撤一步成单膝跪地	上体前屈,两手扶地
7—8	跳成分腿立	左手叉腰,右臂上举(高冲拳)

(五)动作组合五

第一个八拍

223

图 7-3-17

拍	下肢动作	上肢动作
1		双臂上举,花球相击
2		双臂侧平举
3—4	左脚开始后踢腿跑 8 次	动作同 1、2
5		左臂胸前上屈,右臂上举(小 H)
6		动作同 5,方向相反
7—8		动作同 5、6

第二个八拍

图 7-3-18

拍	下肢动作	上肢动作
1	左脚向侧一步,脚尖点地	左臂右斜前上举,右手叉腰
2	右脚左后撤一步,两腿膝盖微屈	左臂经体前屈臂摆至左侧下举,右手叉腰
3—4	动作同1—2,方向相反	动作同1—2,方向相反
5	左脚向前迈一步成弓步	两臂斜下交叉(低 X)
6	右转180°,右脚向下踩一次	两臂侧下举(倒 V)
7	左转90°,分腿半蹲	
哒	双膝立直	两臂上举交叉(高 X),向后震肩2次
8	动作同7	

第三个八拍

225

图 7-3-19

拍	下肢动作	上肢动作
1	向左跳转 90°,成开腿立	两臂侧上屈(W)
2	分腿半蹲	右转 90°上体前屈,两臂交叉,低头
3	两腿伸直成开立	左转 90°,上体直立,左臂侧平举,右臂上举(L)
4	动作同 2	左转 90°上体前屈,双手扶左膝
5	动作同 3	右臂上举,左臂下举
6		两臂侧平举
7	膝盖微屈	动作同 5,方向相反
8	跳成并腿立	两臂胸前平屈,左臂在上,右臂在下

第四个八拍

5   6   7—8

图 7-3-20

拍	下肢动作	上肢动作
1	右转 45°,左脚向侧一步	左臂胸前平屈,右手叉腰
2	右脚并左脚,右脚脚尖点地	左臂斜上举,右手不动
3	动作同 1—2,方向相反	左臂不动,右臂胸前平屈
4		左臂不动,右臂侧上举
5—6	左脚开始原地踏步 2 次	两臂胸前屈,花球相击 2 次
7—8	跳成开腿立	两臂斜上举

第三节　啦啦操竞赛规则

一、竞赛场地要求

1.赛台:舞蹈啦啦操比赛可使用赛台,赛台高 80～100cm,后面有背景遮挡,赛台不得小于 16m×16m;技巧啦啦操比赛禁止使用赛台。

2.比赛场地:比赛场地选用专业比赛板,也可用体操板或地毯代替。

二、竞赛分组及要求

竞赛组别分为幼儿组、小学组、初中组、高中组、大学组、俱乐部组和等级规定组七个组别,其中大学组的具体要求如下:

组别	竞赛项目		性别	参赛人数
大学组 （16 岁 以上）	技巧 啦啦操	混合组技巧啦啦操	男、女	8～24 人
		全女生组技巧啦啦操	女	8～24 人
		混合五人配合技巧啦啦操	男、女	5 人
		全女生五人配合技巧啦啦操	女	5 人
		双人配合技巧啦啦操	男、女	2 人
	舞蹈 啦啦操	花球舞蹈啦啦操	不限	8～24 人
		爵士舞蹈啦啦操		8～24 人
		街舞舞蹈啦啦操		8～24 人
		自由舞蹈啦啦操		8～24 人

三、成套动作时间要求

（一）技巧啦啦操

30 秒口号组合时间为 30～35 秒；集体技巧啦啦操成套时间为 2 分 15 秒至 2 分 30 秒；五人、双人配合技巧成套动作时间为 60～65 秒。

（二）舞蹈啦啦操

成套时间为 2 分 15 秒至 2 分 30 秒。

四、竞赛服装与发饰要求

（一）竞赛服装

1.技巧啦啦操：服装以弹性面料为主，可适当修饰，但不得出现悬垂物、水钻和亮片；长短袖不限，男生穿长裤，女生穿短裙，不可穿透明材质衣服及裤袜；服装上禁止描绘战争、暴力、宗教信仰等主题的元素；领奖时必须穿比赛装。

2.舞蹈啦啦操：服装以弹性面料为主，款式不限，与成套动作风格相吻合，允许使用部分透明材质的面料，但不得过于暴露；服装上禁止描绘战争、暴力、宗教信仰等主题的元素；领奖时必须穿比赛装。

（二）饰物及发型要求

1.技巧啦啦操：不得佩戴任何首饰，包括耳环、手链、脚链、戒指、项链、手表等等；但可以使用平板夹、医用绷带；运动员（除短发者）头发必须扎起，不可遮挡面部。

2.舞蹈啦啦操：可根据成套编排以及表演效果的要求，适当佩戴饰物，但饰物必须是服装的一部分；运动员的发型为了配合成套主题可适当放宽，但不得造型怪异。

五、成套动作评判标准

啦啦操的评分内容分为艺术编排和完成情况两个方面,两者各占50%的评价比例。

（一）艺术编排

包括成套总体设计、舞蹈动作的内容、音乐的运用、表演与包装四个评价内容。

1.成套总体设计:成套创编主题是否新颖鲜明,编排布局是否合理流畅,动作素材内容丰富,对层次及空间的巧妙运用,运动员的表演是否有活力与动感,并能与音乐和谐统一。

2.舞蹈动作的内容:成套编排以一种典型的舞蹈风格为主线,通过动作节奏、三维空间、运动路线、身体方向、音乐旋律的变化以及队员之间的各种配合来表现舞蹈动作的多样性与复杂性,以及动作的力度、速度与强度等舞蹈啦啦操的项目特征。

3.音乐的运用:音乐的选择必须主题突出,有利于表现队伍的个性特点、技术特征和舞蹈风格;动作的设计必须与音乐的结构、风格、节拍、主题和谐一致;不同音乐的剪接完整、连贯,动效使用合理,达到烘托表演的效果。

4.表演与包装:团队表演干净利落,热情洋溢,激动人心,将运动、舞蹈、激情、表演、难度融为一体,服饰的设计、道具的运用等方式打造团队鲜明的个性和独特的风格,通过各种不同的方式表现出来的自信、健康、积极向上以及青春活力,表演情绪与舞种风格吻合,项目技术风格特征显著,彰显团队的独特性与整体性。

（二）完成情况

完成评价内容包括技术技巧、一致性和综合评价三个方面。

1.技术技巧:能够准确把握舞蹈风格特点,按照正确技术要领完成技巧与配合动作。具体要看动作完成是否熟练、清晰,到位准确、重心稳定,姿态的控制、身体的感觉,运动员体能是否充沛以及动作完成的控制及伸展性。

2.一致性:是指在成套动作中,运动员完成动作整齐划一的能力。包括:动作幅度、轨迹的一致性,队形变化的一致性,动作完成节奏的一致性,表演能力的一致性,团队整体运动能力的一致性。

3.综合评价:内容包括成套动作的运动负荷,是否准确表达舞蹈的主题及特征,动作的力度与速度,是否造型美观,空间、层次变化准确,过渡与连接动作连贯流畅。队形流动的速度、到位的准确率,队形保持的效果,团队整体能力,动作完成表现的综合能力,团队配合默契程度,表演传达的激情,自信与活力。

✦ 知识拓展

1.美国多位总统和名人曾经都是啦啦操队员。

啦啦操运动的发源地是美国,这项运动深受美国人的喜爱,不少人把在求学时期能够投身到啦啦队中视为一种荣誉。在美国的历史上,包括原总统在内的多个名人在求学期间都曾投身到啦啦操运动,这包括美国前总统艾森豪威尔、罗纳德·里根和小布什,影星柯克·道格拉斯、卡梅隆·迪亚兹、桑德拉·布鲁克等。著名的歌星麦当娜为了当好啦啦队队长,每天训练各种动作长达5个小时。就是这种执着的精神导致了麦当娜依靠舞蹈的优势进入了密歇根大学,并且获得了奖学金。

啦啦操运动充满青春气息,不仅多元化的表演让人目不暇接,它最大特点是追求团队协作、实现风险分担、利益共享的团队精神。使参与者感受那种奋发向上、集自信热情于一身的朝气蓬勃的精神力量。美国学校里的啦啦操队员大部分都担任过学生干部,能够成为啦啦操队员会令他们非常骄傲。美国许多企业都乐意雇佣有啦啦操运动经历的员工,因为他们懂得顾客心理、善于沟通,有坚守目标和迎接挑战的勇气。因此不少世界500强企业也纷纷鼓励、组织员工参加啦啦操表演和比赛。

2. 啦啦操与健美操的联系与区别。

同样作为深受广大群众喜爱的、普及性极强的体育项目,它们具有各自的魅力,但是也有其相似之处。最主要的就是它们都将集体操、舞蹈、音乐、健身、娱乐功能于一体,参与者在锻炼身体的同时也加强了自己的艺术修养,这一点主要归功于健美操和啦啦操之中音乐与舞蹈元素的结合,使它们不仅仅是传统意义上一般的体育项目,同时更添加了娱乐性、观赏性与艺术性。它们不仅仅是力量的体现,更是美的结合。

啦啦操与健美操最大的区别是做动作时身体的重心和发力的感觉。啦啦操的动作重心需要向下沉,做动作时身体尽量夹紧,手臂的位置基本保持在身体的前方,发力短促,动作到位后快速制动,手臂不需要延展;而健美操的动作重心是向上的,跳操时的重心基本都在前脚掌,动作同样是快速发力,但到位后强调的不是制动,而是延伸。所以啦啦操和健美操对身体控制的要求是完全不同的,同学们在练习时注意区分两个项目的动作感觉。

学以致用

1. 请说出啦啦操的项目分类及各项目特征。
2. 舞蹈啦啦操与技巧啦啦操的区别在哪里?
3. 啦啦操的个性舞蹈指的是什么?
4. 花球舞蹈啦啦操的上场人数是多少?
5. 啦啦操对当代大学生的健身价值有哪些?

附　　录

附录一:《国家学生体质健康标准》实施办法

一、《国家学生体质健康标准》(以下简称《标准》)的实施工作在教育部、国家体育总局的领导下,由各级教育行政部门管理,体育行政部门指导,学校组织实施。

二、《标准》的组织实施工作在校长领导下,由学校体育教研部门、教务部门、校医院(医务室)、学工部门、辅导员(班主任)协同配合共同组织实施。《标准》的测试应与学生的健康体检有机结合,避免重复测试。学生的《标准》测试成绩按评定等级记入《国家学生体质健康标准登记卡》,小学列入学生成长记录或学生素质报告书,初中以上学校列入学生档案(含电子档案),作为学生毕业、升学的重要依据。对达到及格以上成绩的学生颁发证章。《标准》的实施工作记入教师的教学工作量。

三、学生《标准》测试成绩达到良好及以上者,方可参加三好学生、奖学金评选;成绩达到优秀者,方可获体育奖学分。《标准》成绩不及格者,在本学年度准予补测一次,补测仍不及格,则学年《标准》成绩为不及格。普通高中、中等职业学校和普通高等学校学生毕业时,《标准》测试的成绩达不到 50 分者按肄业处理。

四、因病或残疾学生,可向学校提交免予执行《标准》的申请,经医疗单位证明,体育教学部门核准后,可免予执行《标准》,并填写《免予执行＜国家学生体质健康标准＞申请表》,存入学生档案。对确实丧失运动能力、免予执行《标准》的残疾学生,仍可参加三好学生、奖学金、奖学分评选,毕业时《标准》成绩可记为满分,但不评定等级。

五、认真上好体育课、积极参加体育活动、每天锻炼时间达到一小时者,奖励 5 分,计入学年《标准》总成绩。

六、属下列情况之一者,其《标准》成绩记为不及格,该学年《标准》成绩最高记为59 分:

1. 评价指标中 400 米(50 米×8 往返跑)、1000 米跑(男)、800 米跑(女)、台阶试验的得分达不到及格者;

2. 体育课无故缺勤,一学年累计超过应出勤次数 1/10 者。

七、各地、各学校在实施《标准》时要树立"安全第一"的指导思想,健全各项安全保障制度,落实安全责任制,加强对场地、器材、设备的安全检查。要认真做好学生的体检工作,对生病学生实行缓测或免测。

八、全国各级各类学校每年均直接将本校各年级《标准》测试数据,通过中国学生体质健康网（网址中文域名：中国学生体质健康网，英文域名：www. csh. edu. cn），报送至教育部"国家学生体质健康标准数据管理系统"，上报数据的时间为每年 9 月 1 日至 12 月 31 日，上报测试数据的工具软件，由学校在中国学生体质健康网上免费下载使用。

九、高职、高专类学校参照有关要求执行。

十、教育部每年公布各省、自治区、直辖市实施《标准》的基本情况；每学年对教育部直属高校本科新生《标准》测试结果，按生源所在地进行统计，并以省、自治区、直辖市为单位进行公布。

十一、各地教育、体育行政部门对本地各级各类学校实施《标准》的情况，要认真检查监督。要将《标准》的实施情况纳入各级政府教育督导内容和评估指标体系，并作为对各级各类学校进行评优、表彰的基本依据。对弄虚作假、徇私舞弊者，给予通报批评，情节严重者，给予行政处分。

十二、为保证《标准》测试数据的科学性、准确性，各地、各学校招标、选用的《标准》测试器材必须是经国家认证认可监督管理委员会批准的相关认证机构认证合格的产品。

十三、本办法由教育部负责解释。

附录二:《国家学生体质健康标准》大学生评分表

附表1　大学男生身高标准体重(身高单位:厘米;体重单位:千克)

身高段(厘米)	营养不良	较低体重	正常体重	超重	肥胖
	50分	60分	100分	60分	50分
144.0~144.9	<41.5	41.5~46.3	46.4~51.9	52.0~53.7	≥53.8
145.0~145.9	<41.8	41.8~46.7	46.8~52.6	52.7~54.5	≥54.6
146.0~146.9	<42.1	42.1~47.1	47.2~53.1	53.2~55.1	≥55.2
147.0~147.9	<42.4	42.4~47.5	47.6~53.7	53.8~55.7	≥55.8
148.0~148.9	<42.6	42.6~47.9	48.0~54.2	54.3~56.3	≥56.4
149.0~149.9	<42.9	42.9~48.3	48.4~54.8	54.9~56.6	≥56.7
150.0~150.9	<43.2	43.2~48.8	48.9~55.4	55.5~57.6	≥57.7
151.0~151.9	<43.5	43.5~49.2	49.3~56.0	56.1~58.2	≥58.3
152.0~152.9	<43.9	43.9~49.7	49.8~56.5	56.6~58.7	≥58.8
153.0~153.9	<44.2	44.2~50.1	50.2~57.0	57.1~59.3	≥59.4
154.0~154.9	<44.7	44.7~50.6	50.7~57.5	57.6~59.8	≥59.9
155.0~155.9	<45.2	45.2~51.1	51.2~58.0	58.1~60.7	≥60.8
156.0~156.9	<45.6	45.6~51.6	51.7~58.7	58.8~61.0	≥61.1
157.0~157.9	<46.1	46.1~52.1	52.2~59.2	59.3~61.5	≥61.6
158.0~158.9	<46.6	46.6~52.6	52.7~59.8	59.9~62.2	≥62.3
159.0~159.9	<46.9	46.9~53.1	53.2~60.3	60.4~62.7	≥62.8
160.0~160.9	<47.4	47.4~53.6	53.7~60.9	61.0~63.4	≥63.5
161.0~161.9	<48.1	48.1~54.3	54.4~61.6	61.7~64.1	≥64.2
162.0~162.9	<48.5	48.5~54.8	54.9~62.2	62.3~64.8	≥64.9
163.0~163.9	<49.0	49.0~55.3	55.4~62.8	62.9~65.3	≥65.4
164.0~164.9	<49.5	49.5~55.9	56.0~63.4	63.5~65.9	≥66.0
165.0~165.9	<49.9	49.9~56.4	56.5~64.1	64.2~66.6	≥66.7
166.0~166.9	<50.4	50.4~56.9	57.0~64.6	64.7~67.0	≥67.1

续　表

身高段(厘米)	营养不良	较低体重	正常体重	超重	肥胖
	50分	60分	100分	60分	50分
167.0～167.9	<50.8	50.8～57.3	57.4～65.0	65.1～67.5	≥67.6
168.0～168.9	<51.1	51.1～57.7	57.8～65.5	65.6～68.1	≥68.2
169.0～169.9	<51.6	51.6～58.2	58.3～66.0	66.1～68.6	≥68.7
170.0～170.9	<52.1	52.1～58.7	58.8～66.5	66.6～69.1	≥69.2
171.0～171.9	<52.5	52.5～59.2	59.3～67.2	67.3～69.8	≥69.9
172.0～172.9	<53.0	53.0～59.8	59.9～67.8	67.9～70.4	≥70.5
173.0～173.9	<53.5	53.5～60.3	60.4～68.4	68.5～71.1	≥71.2
174.0～174.9	<53.8	53.8～61.0	61.1～69.3	69.4～72.0	≥72.1
175.0～175.9	<54.5	54.5～61.5	61.6～69.9	70.0～72.7	≥72.8
176.0～176.9	<55.3	55.3～62.2	62.3～70.9	71.0～73.8	≥73.9
177.0～177.9	<55.8	55.8～62.7	62.8～71.6	71.7～74.5	≥74.6
178.0～178.9	<56.2	56.2～63.3	63.4～72.3	72.4～75.3	≥75.4
179.0～179.9	<56.7	56.7～63.8	63.9～72.8	72.9～75.8	≥75.9
180.0～180.9	<57.1	57.1～64.3	64.4～73.5	73.6～76.5	≥76.6
181.0～181.9	<57.7	57.7～64.9	65.0～74.2	74.3～77.3	≥77.4
182.0～182.9	<58.2	58.2～65.6	65.7～74.9	75.0～77.8	≥77.9
183.0～183.9	<58.8	58.8～66.2	66.3～75.7	75.8～78.8	≥78.9
184.0～184.9	<59.3	59.3～66.8	66.9～76.3	76.4～79.4	≥79.5
185.0～185.9	<59.9	59.9～67.4	67.5～77.0	77.1～80.2	≥80.3
186.0～186.9	<60.4	60.4～68.1	68.2～77.8	77.9～81.1	≥81.2
187.0～187.9	<60.9	60.9～68.7	68.8～78.6	78.7～81.9	≥82.0
188.0～188.9	<61.4	61.4～69.2	69.3～79.3	79.4～82.6	≥82.7
189.0～189.9	<61.8	61.8～69.8	69.9～79.9	80.0～83.2	≥83.3
190.0～190.9	<62.4	62.4～70.4	70.5～80.5	80.6～83.6	≥83.7

注：身高低于表中所列出的最低身高段的下限值时，身高每低1厘米，实测体重需加上0.5千克，实测身高需加上1厘米，再查表确定分值。身高高于表中所列出的最高身高段时，身高每高1厘米，其实测体重需减去0.9千克，实测身高需减去1厘米，再查表确定分值。

附表 2　大学女生身高标准体重(身高单位:厘米;体重单位:千克)

身高段(厘米)	营养不良	较低体重	正常体重	超重	肥胖
	50 分	60 分	100 分	60 分	50 分
140.0~140.9	<36.5	36.5~42.4	42.5~50.6	50.7~53.3	≥53.4
141.0~141.9	<36.6	36.6~42.9	43.0~51.3	51.4~54.1	≥54.2
142.0~142.9	<36.8	36.8~43.2	43.3~51.9	52.0~54.7	≥54.8
143.0~143.9	<37.0	37.0~43.5	43.6~52.3	52.4~55.2	≥55.3
144.0~144.9	<37.2	37.2~43.7	43.8~52.7	52.8~55.6	≥55.7
145.0~145.9	<37.5	37.5~44.0	44.1~53.1	53.2~56.1	≥56.2
146.0~146.9	<37.9	37.9~44.4	44.5~53.7	53.8~56.7	≥56.8
147.0~147.9	<38.5	38.5~45.0	45.1~54.3	54.4~57.3	≥57.4
148.0~148.9	<39.1	39.1~45.7	45.8~55.0	55.1~58.0	≥58.1
149.0~149.9	<39.5	39.5~46.2	46.3~55.6	55.7~58.7	≥58.8
150.0~150.9	<39.9	39.9~46.6	46.7~56.2	56.3~59.3	≥59.4
151.0~151.9	<40.3	40.3~47.1	47.2~56.7	56.8~59.8	≥59.9
152.0~152.9	<40.8	40.8~47.6	47.7~57.4	57.5~60.5	≥60.6
153.0~153.9	<41.4	41.4~48.2	48.3~57.9	58.0~61.1	≥61.2
154.0~154.9	<41.9	41.9~48.8	48.9~58.6	58.7~61.9	≥62.0
155.0~155.9	<42.3	42.3~49.1	49.2~59.1	59.2~62.4	≥62.5
156.0~156.9	<42.9	42.9~49.7	49.8~59.7	59.8~63.0	≥63.1
157.0~157.9	<43.5	43.5~50.3	50.4~60.4	60.5~63.6	≥63.7
158.0~158.9	<44.0	44.0~50.8	50.9~61.2	61.3~64.5	≥64.6
159.0~159.9	<44.5	44.5~51.4	51.5~61.7	61.8~65.1	≥65.2
160.0~160.9	<45.0	45.0~52.1	52.2~62.3	62.4~65.6	≥65.7
161.0~161.9	<45.4	45.4~52.5	52.6~62.8	62.9~66.2	≥66.3
162.0~162.9	<45.9	45.9~53.1	53.2~63.4	63.5~66.8	≥66.9
163.0~163.9	<46.4	46.4~53.6	53.7~63.9	64.0~67.3	≥67.4
164.0~164.9	<46.8	46.8~54.2	54.3~64.5	64.6~67.9	≥68.0

续　表

身高段(厘米)	营养不良	较低体重	正常体重	超重	肥胖
	50分	60分	100分	60分	50分
165.0～165.9	＜47.4	47.4～54.8	54.9～65.0	65.1～68.3	≥68.4
166.0～166.9	＜48.0	48.0～55.4	55.5～65.5	65.6～68.9	≥69.0
167.0～167.9	＜48.5	48.5～56.0	56.1～66.2	66.3～69.5	≥69.6
168.0～168.9	＜49.0	49.0～56.4	56.5～66.7	66.8～70.1	≥70.2
169.0～169.9	＜49.4	49.4～56.8	56.9～67.3	67.4～70.7	≥70.8
170.0～170.9	＜49.9	49.9～57.3	57.4～67.9	68.0～71.4	≥71.5
171.0～171.9	＜50.2	50.2～57.8	57.9～68.5	68.6～72.1	≥72.2
172.0～172.9	＜50.7	50.7～58.4	58.5～69.1	69.2～72.7	≥72.8
173.0～173.9	＜51.0	51.0～58.8	58.9～69.6	69.7～73.1	≥73.2
174.0～174.9	＜51.3	51.3～59.3	59.4～70.2	70.3～73.6	≥73.7
175.0～175.9	＜51.9	51.9～59.9	60.0～70.8	70.9～74.4	≥74.5
176.0～176.9	＜52.4	52.4～60.4	60.5～71.5	71.6～75.1	≥75.2
177.0～177.9	＜52.8	52.8～61.0	61.1～72.1	72.2～75.7	≥75.8
178.0～178.9	＜53.2	53.2～61.5	61.6～72.6	72.7～76.2	≥76.3
179.0～179.9	＜53.6	53.6～62.0	62.1～73.2	73.3～76.7	≥76.8
180.0～180.9	＜54.1	54.1～62.5	62.6～73.7	73.8～77.0	≥77.1
181.0～181.9	＜54.5	54.5～63.1	63.2～74.3	74.4～77.8	≥77.9
182.0～182.9	＜55.1	55.1～63.8	63.9～75.0	75.1～79.4	≥79.5
183.0～183.9	＜55.6	55.6～64.5	64.6～75.7	75.8～80.4	≥80.5
184.0～184.9	＜56.1	56.1～65.3	65.4～76.6	76.7～81.2	≥81.3
185.0～185.9	＜56.8	56.8～66.1	66.2～77.5	77.6～82.4	≥82.5
186.0～186.9	＜57.3	57.3～66.9	67.0～78.6	78.7～83.3	≥83.4

　　注：身高低于表中所列出的最低身高段的下限值时，身高每低1厘米，实测体重需加上0.5千克，实测身高需加上1厘米，再查表确定分值。身高高于表中所列出的最高身高段时，身高每高高1厘米，其实测体重需减去0.9千克，实测身高需减去1厘米，再查表确定分值。

附表 3　大学男生体能测试评分标准

等级	单项得分	肺活量体重指数	1000米跑（分·秒）	台阶试验	50米跑（秒）	立定跳远（米）	掷实心球（米）	握力体重指数	引体向上（次）	坐位体前屈（厘米）	跳绳（次/1分钟）	篮球运球（秒）	足球运球（秒）	排球垫球（次）	单项得分
优秀	100	84	3′27	82	6.0	2.66	15.7	92	26	23.0	198	8.6	6.3	50	100
	98	83	3′28	80	6.1	2.65	15.2	91	25	22.6	193	9.0	6.5	49	98
	96	82	3′31	77	6.2	2.63	14.4	90	24	22.0	186	9.6	6.9	46	96
	94	81	3′33	74	6.3	2.62	13.6	89	23	21.4	178	10.3	7.3	44	94
	92	80	3′35	71	6.4	2.60	12.5	87	22	20.6	168	11.1	7.7	41	92
	90	78	3′39	67	6.5	2.58	11.5	86	21	19.8	158	12.0	8.2	38	90
良好	87	77	3′42	65	6.6	2.56	11.3	84	20	18.9	152	12.4	8.5	37	87
	84	75	3′45	63	6.8	2.52	10.9	81	19	17.5	144	12.9	8.9	34	84
	81	73	3′49	60	7.0	2.48	10.5	79	18	16.2	136	13.5	9.3	32	81
	78	71	3′53	57	7.3	2.43	10.0	75	17	14.3	124	14.3	9.9	29	78
	75	68	3′58	53	7.5	2.38	9.5	72	16	12.5	113	15.0	10.4	26	75
及格	72	66	4′05	52	7.6	2.35	9.3	70	15	11.3	108	15.6	10.7	25	72
	69	64	4′12	51	7.7	2.31	8.9	66	14	9.5	101	16.6	11.2	23	69
	66	61	4′19	50	7.8	2.26	8.5	63	13	7.8	94	17.5	11.7	21	66
	63	58	4′26	48	8.0	2.20	8.0	59	12	5.4	85	18.8	12.3	18	63
	60	55	4′33	46	8.1	2.14	7.5	54	11	3.0	75	20.0	12.9	15	60
不及格	50	54	4′40	45	8.2	2.12	7.3	53	9	2.4	71	20.6	13.3	14	50
	40	52	4′47	44	8.3	2.09	7.0	51	8	1.4	64	21.6	13.8	12	40
	30	51	4′54	43	8.5	2.06	6.7	49	7	0.5	58	22.5	14.3	10	30
	20	49	5′01	42	8.6	2.03	6.2	47	6	−0.8	49	23.8	15.0	8	20
	10	47	5′08	40	8.8	1.99	5.8	44	5	～2.0	40	25.0	15.7	5	10

附表4　大学女生体能测试评分标准

等级	单项得分	肺活量体重指数	1000米跑（分·秒）	台阶试验	50米跑（秒）	立定跳远（米）	掷实心球（米）	握力体重指数	引体向上（次）	坐位体前屈（厘米）	跳绳（次/分钟）	篮球运球（秒）	足球运球（秒）	排球垫球（次）	单项得分
优秀	100	70	3'24	78	7.2	2.07	8.6	74	52	21.1	190	11.2	7.3	46	100
	98	69	3'27	75	7.3	2.06	8.5	73	51	20.8	184	11.5	7.8	44	98
	96	68	3'29	72	7.4	2.05	8.4	72	50	20.3	175	12.0	8.6	41	96
	94	67	3'32	69	7.5	2.03	8.2	71	49	19.8	166	12.6	9.4	38	94
	92	65	3'35	64	7.7	2.01	8.0	69	47	19.2	154	13.3	10.5	34	92
	90	64	3'38	60	7.8	1.99	7.8	67	45	18.6	142	14.0	11.5	30	90
良好	87	63	3'42	59	7.9	1.97	7.7	66	44	17.7	137	14.6	11.9	29	87
	84	61	3'46	57	8.0	1.93	7.6	63	43	16.3	130	15.6	12.5	27	84
	81	59	3'50	55	8.2	1.89	7.5	61	42	15.0	122	16.5	13.2	25	81
	78	57	3'54	52	8.3	1.84	7.4	58	40	13.1	112	17.8	14.0	23	78
	75	54	3'58	49	8.5	1.79	7.2	55	38	11.3	102	19.0	14.9	20	75
及格	72	53	4'03	48	8.6	1.76	7.1	53	37	10.1	98	19.8	15.6	19	72
	69	51	4'08	47	8.7	1.72	7.0	50	35	8.3	92	20.9	16.7	17	69
	66	49	4'13	46	8.8	1.69	6.8	48	33	6.5	86	22.0	17.8	15	66
	63	46	4'18	45	8.9	1.63	6.6	44	31	4.1	78	23.5	19.3	13	63
	60	43	4'23	42	9.0	1.58	6.4	40	28	1.7	70	25.0	20.8	10	60
不及格	50	42	4'30	41	9.1	1.56	6.2	39	27	1.5	66	25.8	21.2	9	50
	40	41	4'37	40	9.3	1.53	6.0	38	26	1.3	59	26.9	21.9	8	40
	30	39	4'44	39	9.5	1.50	5.7	36	25	1.0	53	28.0	22.5	7	30
	20	37	4'51	38	9.8	1.46	5.4	34	23	0.6	44	29.5	23.4	6	20
	10	35	5'00	36	10.0	1.42	5.0	32	21	0.2	35	31.0	24.3	4	10

附录三:免于执行《国家学生体质健康标准》申请表

免予执行《国家学生体质健康标准》申请表

姓　名		性　别		民　族	
学院(系)		班　号		学　号	
出生日期		身份证号		联系电话	
原　因					
学院或体育教师意见		家长签字联系电话			
学校体育部门意见	签章(字):　　　　　　　　　　　年　　月　　日				

注:高等学校的学生,"家长签字栏"由学生本人签字。

主要参考文献

[1]李华.高校健美操.沈阳:辽宁大学出版社,2007.

[2]马鸿韬.健美操运动教程.北京:北京体育学院出版社,2007.

[3]于长菊.健美操.西安:陕西人民出版社,2004.

[4]金晓阳.健身与流行健美操教程.沈阳:东北大学出版社,2006.

[5]肖光来.健美操.北京:人民体育出版社,2004.

[6]王洪.健美操教程.北京:人民体育出版社,2001.

[7]沈国琴.现代健美操.北京:人民体育出版社,2010.

[8]中国营养学会.中国居民膳食指南.拉萨:西藏人民出版社,2008.

[9]冯立,陆大江.体育职业营养概论.上海:上海科学技术文献出版社,2008.

[10]马洪涛.现代健美操创编与教学训练大全.北京:人民体育出版社,2009.

[11]周燕.2010—2013年全国啦啦操竞赛规程.国家体育总局体操运动管理中心,2010.

[12]2013—2016年版《竞技健美操竞赛规则》,国家体育总局体操运动管理中心,2013.

图书在版编目(CIP)数据

健美操 / 朱晓龙,李立群主编. —杭州：浙江大学出版社，
2014.1(2025.1重印)

ISBN 978-7-308-12457-7

Ⅰ.①健… Ⅱ.①朱…②李… Ⅲ.①健美操－教材 Ⅳ.
①G831.3

中国版本图书馆 CIP 数据核字（2013）第 260578 号

健美操

朱晓龙　李立群　主编

丛书策划	葛　娟	
责任编辑	葛　娟	
封面设计	俞亚彤	
出版发行	浙江大学出版社	
	（杭州市天目山路 148 号　邮政编码 310007）	
	（网址：http://www.zjupress.com）	
排　　版	杭州青翊图文设计有限公司	
印　　刷	广东虎彩云印刷有限公司绍兴分公司	
开　　本	787mm×960mm　1/16	
印　　张	15.75	
字　　数	330 千	
版 印 次	2014 年 1 月第 1 版　2025 年 1 月第 9 次印刷	
书　　号	ISBN 978-7-308-12457-7	
定　　价	39.00 元	

版权所有　侵权必究　印装差错　负责调换

浙江大学出版社市场运营中心联系方式：0571－88925591；http://zjdxcbs.tmall.com